解約新書

マーケッターに捧げる
解約の真実と処方箋

佐野敏哉
Toshiya Sano

幻冬舎MC

解約新書

～マーケッターに捧げる解約の真実と処方箋～

はじめに

「定額料金だけで○○放題」というような、一定期間のサービス利用に対し定額料金を支払う「サブスクリプション」が、今やさまざまな分野で広がっています。便利で利用料金も手ごろ、しかも手軽に申し込めるとあって、そのサービスとユーザーは現在急増しています。ユーザーは「気に入らなければいつでも解約できる」とあって比較的〝気軽〟に入会する傾向にありますが、サービスを提供する企業は入会までに多額の広告コストをかけていることもあり〝気軽〟に解約されては困ります。「いつでも解約できると思って、軽い気持ちで入会して気づいたらはや3年……」という声がユーザーから聞かれるような、そんな企業とユーザーのＷＩＮ－ＷＩＮ関係が築ければそのサブスクリプションサービスは成功しているといえますし、このビジネスモデルの理想形でもあります。

　しかしユーザーがなんらかの理由でサブスクリプションサービスを解約しようとすると、ウェブサイトの解約ページになかなかたどり着けず、ユーザーの解約を断念させるための策略かと、その企業への不信感を募らせてしまうことがあります。せっかくこれまでユーザーと良好な関係を構築してきたにもかかわらず、最後に非常に後味の悪いことになってしまうケースが多発しています。その場合、ユーザーは二度とその企業のサービスを利用することはないでしょうし、再入会もありません。しかし、「解約手続きは分かりやすく、誠実で丁寧な対応だった」という印象が残れば、理由によっては解約を取りやめるかもしれませんし、そのときは解約しても改めて入会する可能性があります。

最近、ウェブマーケティングでは、LTV（ライフタイムバリュー：顧客生涯価値）に注目するようになってきています。LTVは、「一人のユーザーが生涯を通して、ある企業にもたらす利益の合計」を指します。ユーザーのサービス利用期間をいかに長く延ばし、LTVを上げるか。そのカギを握るのが解約時の対応です。どんな人が買っているか、入会しているかに関するマーケティングは、長年にわたって研究されてきました。ネット広告の分野でもコンバージョン（獲得成果）ばかりが重視され、解約に注目したマーケティングは今まで、あまりされてきませんでした。解約希望ユーザーから、入会時にそのサービスに期待していたこと、解約を決めた理由、サービスへの不平・不満、ライフイベント等の情報を得て分析し、解約希望ユーザーの思考傾向を知ることが、これからのマーケティングでは大事です。

LTVを上げるためには、解約希望ユーザーから最後に得た情報を活用し、利用中のユーザーが解約しないようにする対策と、今まさに解約しようとしているユーザーに働きかけて、解約を踏みとどまらせる対策が必要です。

サービス対象が人である以上、解約の時はいつか来ます。そのときに適切な対応をすれば、ユーザーからサービス向上につながる情報のフィードバックを得られ、利用中のユーザーが解約しないような対策に役立てられます。ポジティブに考えれば、解約は企業にとって、「ゼロパーティ」データ（ユーザーが適切な要求に応じて自ら提供するデータ）を集めるチャンスでもあるのです。どうすれば、利用中のユーザーに満足し続けてもらえるか、その企業のファン（永代顧客）になってもらえるか。それを知ることは、企業やサービスの未来のマーケティングにつながると、私は考えています。

一方、解約希望ユーザーに解約を踏みとどまらせる対策としては、解約ページでのコミュニケーションツールが有用です。私たちがサブスクリプションコマースを行うＥＣサイト事業者に提供しているチャットボットは、解約ページでユーザーが入力した解約理由等をもとにＡＩ（人工知能）が分析し、そのユーザーに合った対応をします。このツールの導入で解約防止率が上がった数々の事例があります。

本書では、新たなマーケティングに興味がある方に、逆転の発想、まだあまり知られていない事実等を数多く紹介していきたいと思います。解約というネガティブな要素をどのように企業の強みに変えていくかを、ぜひ知っていただければ幸いです。

目次

第2章 入会特典で会員を増やしても解約されたら意味がない

第3章 「解約したい」を「続けたい」に変える AIを活用したリテンションマーケティング

第5章 対話を続けて解約防止！
分析した理由をもとに解約希望者を引き留める

第1章

解約、退会と背中合わせのサブスクリプションビジネス

●ランチや自動車まで月額料金で利用し放題に

２０１１年、アドビが世界中で使われているデザイン用の各種パッケージソフトウェアをクラウド化し、「Ａｄｏｂｅ Ｃｒｅａｔｉｖｅ Ｃｌｏｕｄ（アドビ クリエイティブ クラウド）」の提供を始めました。これをきっかけに1カ月単位や1年単位で定額料金を支払って利用するサブスクリプションサービスが次々と誕生します。アメリカでは２０１１年に５７００万ドル（約63億円）だったサブスクリプションマーケットが、５年後の２０１６年には26億ドル（約２８６０億円）へと急成長しました。

日本でも２０１８年ごろからヒット商品番付や流行語などにサブスクリプションが度々ノミネートされるようになりました。その背景には、高速データ通信が当たり前になり、スマートフォンやタブレットが普及したことがあります。音楽は聴き放題・映像は見放題になり、ユーザーは急増しました。

最近では、レンタルドレスの借り放題、月額制のアクセサリー貸し出しといったファッション関連のサービスも現れています。飲食系では、定額でラーメン1カ月食べ放題といった「○○放題」、ランチやコーヒーの定額サービスなどが登場しました。

２０１９年にはトヨタ自動車が車の定額乗り放題サービス「ＫＩＮＴＯ」を開始し話題となりました。ボルボの「ＳＭＡＶＯ（おまとめ定額プラン）」や、ＩＤＯＭ（旧ガリバーインターナショナル）の「ＮＯＲＥＬ」も同様のサービスを提供しています。

サブスクリプションとは、このように定額料金を支払うことによって、サービスを利用したり、モノを買わずに利用したりすることをいいます。交通機関の通勤通学定期券、携帯電話やインターネットなど、以前から定額料金でサービスを提供するビジネスはありましたが、今ではその種類も増え、成長著しいビジネスモデルとして注目されています。

●動画や音楽を中心に成長する日本のサブスクリプション市場

矢野経済研究所によると、日本のサブスクリプションの市場規模は、２０１８年度の時点で５６２７億円となり、２０２３年度には８６２３億円になると予測されています。さきほどのアメリカの統計数値に対して大き過ぎるようですが、こうした調査は集計の範囲や方法で数字が変わってくるので単純に比較はできません。それはともかく、日本でも５０００億円ビジネスから1兆円ビジネスへと発展しつつある市場といえるでしょう。

なかでも多くの会員を集めているのがネット経由の動画配信オンデマンドサービスで、映画やドラマなどが見放題のサービスとして「Ａｍａｚｏｎ Ｐｒｉｍｅ Ｖｉｄｅｏ（アマゾンプライム・ビデオ）」「Ｎｅｔｆｌｉｘ（ネットフリックス）」「ＦＯＤ（フジテレビオンデマンド）」「Ｈｕｌｕ（フールー）」「Ｕ-ＮＥＸＴ（ユーネクスト）」などが知られています。ほかにもアニメファン向けの「バンダイチャンネル」やスポーツ専門チャンネルの「ＤＡＺＮ（ダゾーン）」、テレビ番組無料配信（広告モ

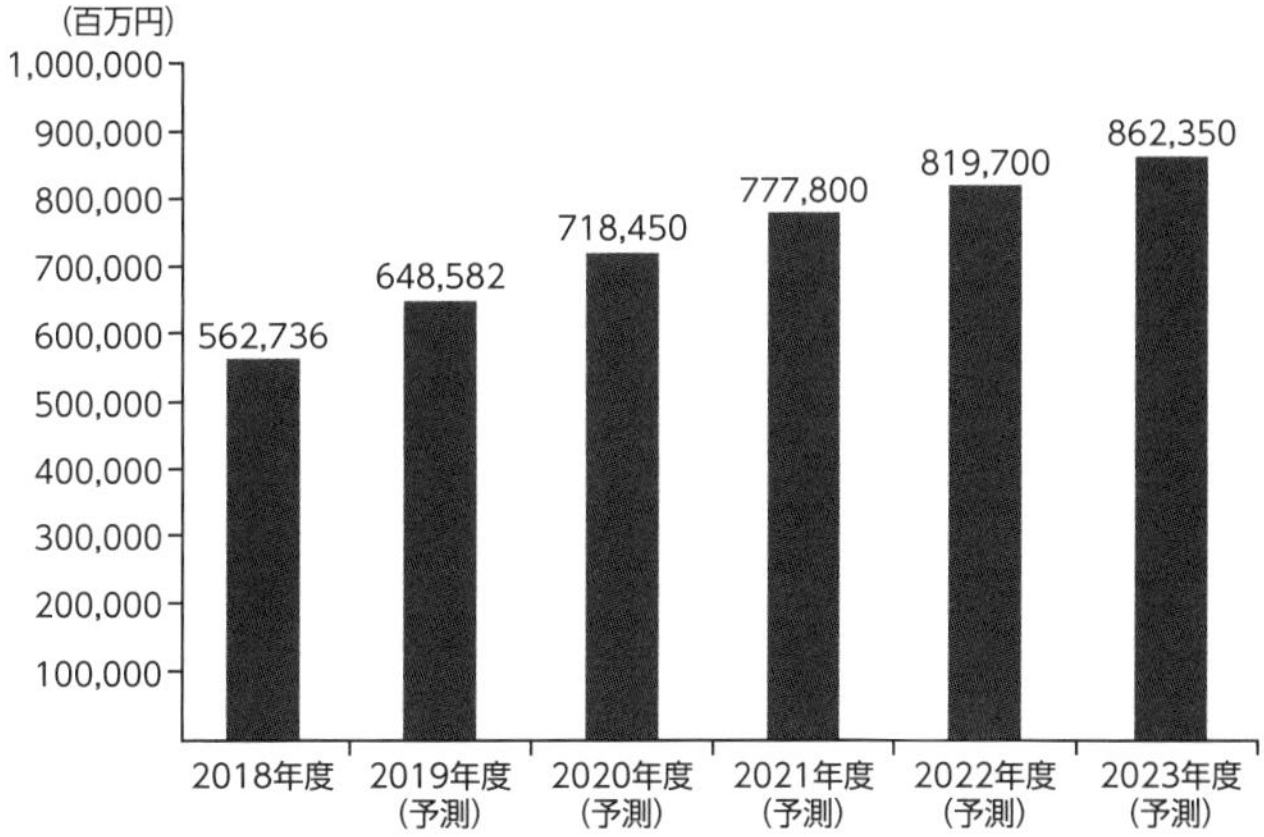

出所：(株) 矢野経済研究所「サブスクリプションサービス市場に関する調査 (2018年)」
2019年4月9日発表

注1：エンドユーザー (消費者) 支払額ベース
注2：市場規模は①ファッション系定期宅配、②ファッションサービス (ただし①を除く)、③食品系定期宅配、④飲食サービス、⑤生活関連、⑥住居 (シェアハウスやマンスリー系賃貸住宅は対象外)、⑦教育 (ただし通信教育は対象外)、⑧娯楽 (月額定額で利用できる音楽と映像サービス) の8市場の合計値
注3：2019年度以降は予測値

デル）の「TVer（ティーバー）」などがあります。ネットフリックスでは『全裸監督』というオリジナルドラマが人気作品となり、配信が始まって2週間目に早くもシーズン2の制作が発表されました。視聴者とサービス提供者が直接つながり、要望や反響がすぐに反映できるサブスクリプションならではの迅速な対応です。

定額制の音楽配信では「Apple Music（アップ

ルミュージック」」やアマゾンの「Ｐｒｉｍｅ Ｍｕｓｉｃ（プライムミュージック）」「Ｓｐｏｔｉｆｙ（スポティファイ）」などが若者を中心に広く利用されています。

●クラウドでサブスクリプションの成功モデルをつくったアドビ

最初に紹介したアドビの「Ａｄｏｂｅ Ｃｒｅａｔｉｖｅ Ｃｌｏｕｄ（アドビ クリエイティブ クラウド）」は、Ｂ２Ｃ（企業による個人顧客向け）のサブスクリプション成功モデルとして高く評価されました。

それまでは、ソフトウェアはパッケージ販売されており、ユーザーはバージョンアップするたびに買い換えなければならず、最新のソフトを使用するユーザーと以前のバージョンを使い続けるユーザーが混在していました。しかし、アドビのサブスクリプションサービスを利用することで、ユーザーはクラウド経由でバージョンアップができるため、常に最新版が使えるようになりました。ユーザーにメリットがある一方で、アドビには世界中のユーザーがどのようにソフトウェアを使っているかというデータが集まります。こうして蓄積したデータを分析し、活用することでＡＩを構築したアドビは新たなビジネスを展開しています。

アドビというと、Ｐｈｏｔｏｓｈｏｐ（フォトショップ）やＩｌｌｕｓｔｒａｔｏｒ（イラストレーター）といったデザインソフト、Ａｃｒｏｂａｔ Ｒｅａｄｅｒ（アクロバット リーダー）などのＰＤＦ関連のソフト、Ａｄｏｂｅ Ｆｏｎｔｓ（アドビ フォント）という書体のライブラリーなどが思い浮かびますが、その強みはデジタル技術を駆使したマーケティング力にあります。「Ａｄｏｂｅ Ｃｒｅａｔｉｖｅ Ｃｌｏｕｄ」をリリースするにあたっては、パッケージで販売してきた製品をサブスク（サブスクリプションの略）化したときにどうすれば受け入れられるかを解析ツール「Ａｄｏｂｅ Ｍａｒｋｅｔｉｎｇ Ｃｌｏｕｄ（アドビ マーケティング クラウド）」を使って徹底的に分析しました。

例えば、ネット広告のバナー一つにしても、文言の内容、文字の書体や色、背景色やデザインについて、それぞれ複数のパターンを用意し、それらを組み合わせた大量のバナー見本を自動作成します。そのなかからクリックされやすいパターンを、ＡＢ

テストや多変量テストといった手法で選び出し、それをさらに改善してはまたテストするという作業を繰り返していきました。

アドビがサブスクで成功できたのはキラーコンテンツ（特定の分野で影響力のある商品）を持っているという強みがあったからだと説明されることも多いのですが、それだけではなく、大量のデータ分析と数えきれないテストの上に築かれたものだと思います。サブスクにおけるデジタルマーケティングの重要性を証明した事例であることは間違いありません。私もアドビがサブスクリプションビジネスを拡大していった時期に、日本法人のアドビ　システムズに在籍し、分析や解析がいかにビジネスを大きく成長させるかを、身をもって学びました。

●動画配信の環境が10年間で大きく進化した

ここで少し私の過去の話をします。動画サービスが定額配信に切り替わっていくタイミングに、私は動画配信のプラットフォームを提供するブライトコーブにいました。サブスクリプションに関わる多くの業務を経験し、転換期に内側にいたからこそ見られたエピソードをいくつか紹介したいと思います。

ブライトコーブの動画配信プラットフォームは、CDN（コンテンツ・デリバリー・ネットワーク）という技術に基づくインフラを利用しています。優れたインターフェースやデバイスに依存しない動画プレイヤーを提供できるのが特長で、日本でも多くのテレビ局やインターネットメディア、大手企業などの動画配信サービスなどに幅広く使われています。

動画を多くの相手に同時配信すると、コンテンツを収納しているサーバに負担がかかり、再生が途切れたりします。こうした障害をなくすため、地域ごとに置いたエッジサーバに動画コンテンツを置いて配信します。動画を見たいという依頼があると、その人が住んでいるところや今いる場所の近くのエッジサーバに配信するように知らせています。自前でこうしたネットワークを持って配信サービスをしているところもあれば、ブライトコーブのような会社からプラットフォームを借りる業者もあります。

私が入社したのは２００８年で、サブスクリプションの先駆けになる動画配信サービスのサポートを担当しました。日本でもＹｏｕＴｕｂｅ（ユーチューブ）が流行し始め、業界では動画配信はそれまでの文字や画像とは違った形でコンテンツやメッセージを伝えることができ、サイトの滞在時間を上げられるという、最先端のマーケティングツールとして需要がありました。当時はまだジャニーズ事務所が、所属タレントをユーチューブに出すのを禁止していたので、テレビＣＭなどでＳＭＡＰや嵐、Ｖ６などが出演すると、その会社を回り、ブライトコーブを利用して配信してもらう営業もしていました。またその一方で放送局に、海外ではすでに始まっていた見逃し配信（海外ではキャッチアップサービス）を導入することも勧めていました。

２００９年に浜崎あゆみがインターネットでのライブ配信を行うことになり、それに先駆けて大々的に広告を打ちました。ところが、チケットは即時完売だったにもかかわらず、インターネット経由で見た人はかなり少なかったのです。これには当時の通信環境が大きく関わっています。初代ｉＰａｄが発売されたのが２０１０年でしたので、浜崎あゆみがライブ配信を行った２００９年はパソコン以外の視聴手段としてはｉＰｈｏｎｅなどのスマートフォンが挙げられます。しかし、スマートフォンで動画を見ることはできましたが、３Ｇの電話回線を使うのですぐに通信料金が何千円にもなってしまうのがネックでした。当時も一部の人は自宅でＷｉ‐Ｆｉ（無線ＬＡＮ）を使っていましたが、公衆Ｗｉ‐Ｆｉはありませんでした。そのため通信料を使い過ぎてしまう、いわゆる「パケ死」が珍しくありませんでした。

通信料金だけでなく、ＣＤＮの利用コストもかなりかかりました。視聴者が映画を１本見ると配信会社はブライトコーブのようなＣＤＮのインフラを利用する会社に３００円近くを払っていました。今ではそれも１０００分の１以下に下がり、サブスクリプションでの動画配信がしやすい環境になっています。

２０１０年ごろは、動画コンテンツ自体も不足していました。配信会社はとにかく数を集めようと質のよくない昔のドラマや著作権フリーのコンテンツを流していたのです。現在はどこの大手配信サービスもコンテンツは質・量ともに充実し、オリジナルコンテンツの制作にも力を入れています。そのほかにも、台詞で見たい場面を検索できたり、雑誌も読めたりと、さまざまな付加価値で競争しています。

こうして振り返ってみると、2010年から2020年までの10年間で動画配信の環境はめざましく発展し、内容も充実してきたと改めて感じます。

●ブライトコーブで受験生向けの動画配信サービスをサポート

コンテンツ系事業者以外の一般企業が行う動画サブスクリプションサービスとしては、リクルートの「スタディサプリ」の立ち上げプロジェクトをサポートしました。最初は「受験サプリ」という名称で2011年に無料配信を始め、翌年に有料配信授業を加えて2013年から月額制になっています。予備校の元有名講師の授業が家でも見られるこのサービスは、大学受験をする高校生が地域や環境の違いに左右されず、日本中どこにいても、質のよい教育を安く受けられるようにするというのが趣旨でした。

このときもまだ動画の配信コストは高く、60分くらいの授業を1回配信すると50円ほどかかりました。ユーザーの月額料金は980円で、月に20回以上見ると事業者が

【フレームレートの種類】動画のフレーム（コマ）を落とす方法

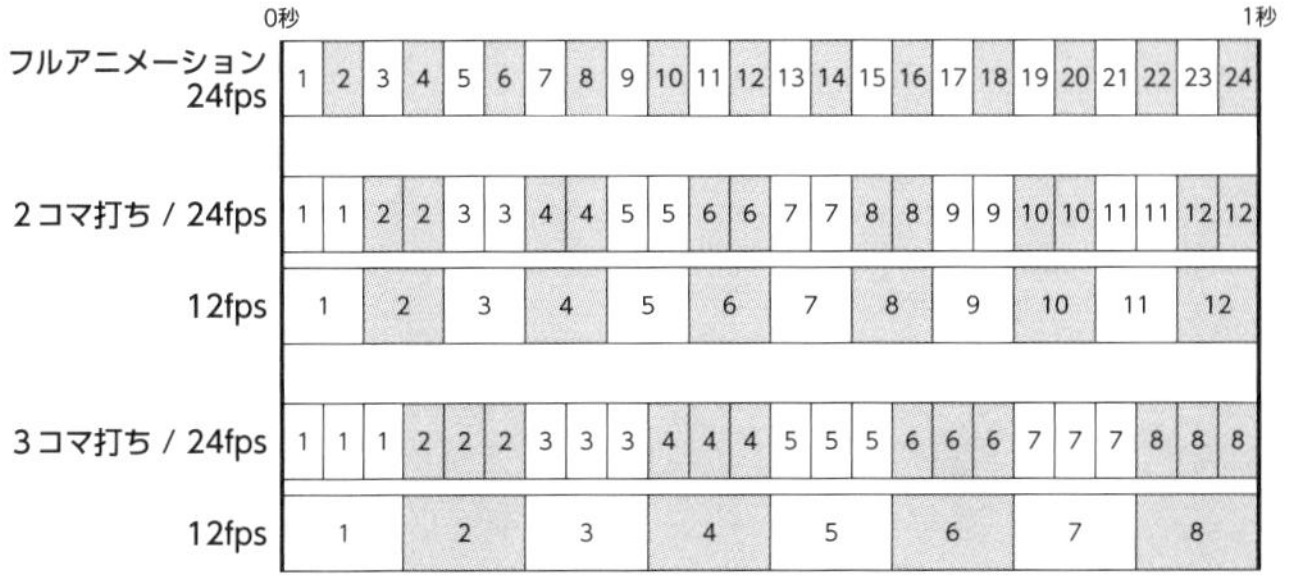

赤字になる計算です。そこでコマ落としのような感覚で動画のフレームを減らすことにしてコストを抑えました。講義風景は動きが少ないのでそれでも見られるのです。今ではフルフレームの配信になっていますが、まだ動画配信が普及していない時期の苦肉の策でした。

　この配信サービスは、基本的に毎年視聴者が変わるので、同じ講義を繰り返し使い続けることができます。また、当時は各大学の過去問も提供しており（過去問の提供は２０１８年７月で終了）、授業の動画コンテンツに合わせて受験生に必要なものを提供していました。当時のコマーシャルで「受験勉強に格差があることが、学生に、大学に、この国に、何のメリットをもたらすのでしょう？」と美輪明宏さんがうたっていました。質の良い受験勉強はお金がかかるという今までの概念を見事に打ち消し、テクノロジーの進歩により社会が豊かになる姿を垣間見た瞬間でした。その後「スタディサプリ」は高校生向けから中学受験や社会人のＴＯＥＩＣ試験などにすそ野を広げています。また家庭教師派遣のトライや進研ゼミのベネッセも同様のサービスを展開するようになっています。そしてネット動画の配信は個人レベルでも普通に行われるようになりました。

●日本でもプログラマティックアドを

私がアドビ システムズに移ったのは２０１４年のことです。ちょうどアドビがサブスクリプションビジネスを拡大していった時期で、サイト分析に利用する「Ａｄｏｂｅ Ａｎａｌｙｔｉｃｓ（アドビ アナリティクス）」などを扱うチームに入りました。また海外のネットメディアの動きや最新技術をテレビ局や大手広告代理店に紹介し、番組の同時配信を提案していました。ビデオリサーチでは合理的な視聴者数のデータ収集ができることを話しました。欧米では日本のような少数の世帯の調査をもとに統計処理した視聴率ではなく、実際に今何人見ているかという再生数をそのまま集計しています。正確な数値が出るので広告効果も一目瞭然です。

　ネット配信では再生数がすぐに出せます。実は地上波放送でも技術的には簡単に導入できるのですが、相変わらず視聴率に頼っているのが現状です。２０２０年３月にＮＨＫが「ＮＨＫプラス」を開始し、日本でもようやくテレビ番組の同時配信が始まりましたが、ここでも再生の実数は発表されていません。ただ２０１５年に始まったＴＶｅｒは、途中から期間別の再生数のランキングを発表するようになりました。

　ＴＶｅｒは民放５局が番組を配信するサービスです。最初は広告が入っていなかったので、毎年数億円の赤字を出していました。その後動画広告配信のシステムを導入して、今のような広告付きの無料配信サービスになりました。

「ｒａｄｉｋｏ（ラジコ）」というラジオ番組の配信サービスを利用している方もいると思います。地域の放送局の番組は無料で、月額料金を支払うと日本全国のラジオ放送が聞けます。これにより、全国のプロ野球ファンが、日本中どこでも地方のナイター中継を聞けるようになりました。

一方でアメリカではすでにプログラマティックアドという、誰にも同じ広告を出すのではなく、一人ひとりの行動や属性、好みに応じて適切な広告をリアルタイムに配信するネット広告の手法が実用化されていました。この広告をネットラジオが導入した結果、ラジオ番組を電波で聞くと引っ越しの広告が流れていても、ネットラジオで聞くと化粧品の広告だったりします。このようにプログラマティックアドではターゲットに合わせた広告をそれぞれタイムリーに打てるので、その分広告単価が高めに設定されています。この広告手法は、日本のメディアがマルチチャンネルになったときに必要になるでしょう。

こうした動画配信メディアや広告関連の技術は北米やヨーロッパがかなり進んでいます。アドビ システムズではそれを日本に導入する役割も果たしていました。

●サブスクは「安い」「便利」だけではなくなった

サブスクリプションサービスが次々と生まれ、ユーザーが増えている背景のひとつとして、さきほども触れたようにインターネットの環境が整って大容量のデータを、場所を選ばず受け取れるようになったことが挙げられます。それとともに「シェアリングエコノミー」がトレンドになり、所有することにこだわらない消費者が増えたことも大きいでしょう。所有するという欲求が低下し、コストがかかると感じるようになると、必要なときだけ使い、見たいときに見るという消費形態が広がります。これによって、サブスクリプションのようなサービスが当たり前のものとして受け入れられるようになったともいえます。

定額で好きなだけ利用できたり、自分で所有しなくても割安に使えたりという気軽さに加え、わくわく感や予想外の驚きがあるサービスがアメリカでは増えています。例えば毎月各種のクッキーが届けられるサービスでは、中身を有名人がセレクトしており、センスがよいというので人気です。流行の最先端を行くものが届くので、その

流行を共有しているという楽しみもあるようです。単にクッキーが毎月届くだけではなく、流行やセンスも手に入れられるというサービスなのです。

このような付加価値を持っているサブスクリプションは、さらに増えていくでしょう。その分価格が多少高くてもユーザーは受け入れるので、割安感を追いかけるサービスよりも収益性が高くなります。またその付加価値によって解約を抑止する効果もあります。プロが選んでくれる。その人に合わせて見立ててくれる。自分なら選ばなかったようなものが届く。日本でもこうしたサブスクリプションサービスが出てくることでしょう。

●サブスクの失敗例から見えてくること

サブスクリプションの新しいビジネスが出てくる一方で、姿を消していくものも少なくありません。サブスクに慣れてきたユーザーは、値ごろ感やサービスの内容に対してシビアになってきます。特に飲食系は、身近なだけに損得がすぐに計算でき、受け入れられる料金設定で収益を確保するのは簡単ではありません。

有名な大手コーヒーチェーン店では、毎月定額でコーヒー飲み放題のサブスクリプションを検討していました。売れ筋の2種類限定で、ヘビーユーザーの囲い込みとライトユーザーに店に来てもらうようにするのが目的でした。さらに顧客についての分析も考えていましたが、まだ実現していません。適切な収益構造がなかなか見えないのかもしれません。

焼肉チェーンの牛角はわずか2カ月弱でサブスクリプションサービスを終了し、当初話題となっただけに定額食べ放題の難しさを印象づけました。料金は割安だったのですが、そのため利用客が増え過ぎてしまったのです。月額1万1000円で月3回以上行けば元が取れるというので店は大盛況でしたが、1万1000円を払ったのに店にも入れない人が出てきてしまいました。焼肉好きが月に何回も来ることを見通せなかったのかもしれません。

JR東日本グループは、駅ナカにある特定の種類の自動販売機で買えるドリンクを対象にしたサブスクを始めました。月額2480円、買えるのは1日1本までで、通勤通学で毎日駅に行って買えば元が取れるかもしれないという微妙な月額料金設定です。

実は圧倒的に収益性が高いのが、ファミリーレストランのドリンクバーです。これもメニュー限定のサブスクといえますが、ドリンク類の原価は非常に安いので、何杯お替わりしても店の負担にはなりません。割安感のあるドリンクバーで飲んでもらう機会を増やせば、それだけもうかるのです。このようにもともと利益率が高くないと、飲食業のサブスクリプションはなかなかうまくいかないでしょう。

月額８６００円でラーメンを１日１杯食べ放題、４０００円で１カ月飲み放題、月額７９８０円で対象店舗のランチを毎日１食楽しめるなど、飲食の定額サービスはまだほかにもあります。その中から成功例が目立つようになれば、飲食業でもサブスクが一気に広がる可能性があります。

●ビジネスモデルの難しさに直面するサブスク

トヨタ自動車が大々的に宣伝を打った車のサブスクリプションサービス「ＫＩＮＴＯ」の１日の申し込みが平均６件と発表されて、あまりの少なさに驚いた人も多かったかもしれません。最も安い車種では月３万円台で借りられて（諸経費含む）、ガソリン代や駐車場代は自分持ちです。アメリカでもゼネラルモータースがキャデラックの月額貸し出しビジネスを休止しており、車のサブスクはなかなか難しいようです。

衣料品ではＡＯＫＩがスーツを月７８００円で借りられるサブスクリプション型レンタルを始めましたが、半年で撤退しました。シャツやネクタイとセットで貸し出して月1回まで交換が可能で、スーツを買わない若年層に着てもらおうという狙いでした。しかし実際のユーザーは40代が多く、十分な品揃えを用意するのにも苦労したようです。

衣類の場合は、何度か貸し出さないと減価償却ができないことがネックになります。特に女性のファッション衣料は流行があり、一時は借り手が増えて同じアイテムをたくさん用意しなければなりませんが、流行が終わると大量の不良在庫になってしまいます。そこで余った衣類をメルカリに出品して在庫処分している定額貸し出しの会社もあります。

このようにサブスクのビジネスモデルの確立は簡単ではなく、苦労しているところが多いようです。

月額制でアクセサリーを3種類送り、交換可能で気に入れば買うこともできるというサブスクビジネスがあります。モノが小さいので保管や発送が楽で、いいところに目を付けたと思います。知育玩具のサブスク「トイサブ！」は、「日本サブスクリプションビジネス大賞」を受賞しました。子供が玩具で遊ぶ時期は限られているので、ずっと持ち続ける必要はありません。また知育玩具は流行りすたりがなく、常にユーザーがいるので不良在庫にはなりません。サブスクリプション向きの分野をうまく見つけたといえます。

●最大の問題は解約。止めないとバケツの底に穴が開いたままに

ただ、どんなサブスクリプションビジネスも、ユーザーの離脱という宿命から逃れることはできません。しかも一般的に解約率は高く、事業を継続していく上で悩ましい問題となっています。

会員数が何十万人から何百万人という動画配信の大手各社では、どこもおしなべて毎月10万人から20万人程度がやめていくそうです。その分新規会員が入るのでなんとか会員数は現状維持か微増を保っていますが、常に十数万人が入ったりやめたりという状態が続いていて、純増数はせいぜい数百人から1000人ほどです。

解約防止に力を入れなければ、いくら新規ユーザーを増やしても穴の開いたバケツ

に水を入れるようなものです。１０００人の純増のために多額の広告料金を使い続けるのは非常に効率の悪い話です。

新規ユーザーがある程度まで増えれば、それ以上母数を大きくするのは難しくなります。しかもサブスクが世の中に浸透するとライバルも出てきて、そちらに流れていきます。だからこそ、今利用してくれている人たちを大事にしていき、解約希望者には継続してもらうように引き止める手段を講じる必要があるのです。

売上アップやコンバージョン（獲得成果）重視、新規加入増だけでなく、ＬＴＶ（ライフタイムバリュー）を重視するという企業が今増えています。サブスクリプションは、ビジネスモデル上このＬＴＶが重要な経営指標になります。

大量消費型社会が終えんを迎えつつあり、消費者行動は「所有」から「利用」へと変化し、大量販売のためのマスマーケティングから転換すべき時期に来ています。

サブスクリプションビジネスを行う企業には、一人ひとりの顧客と向き合うことで解約を防ぎ、もし解約されたとしても理由を真摯《しんし》に受け止め、分析してマーケティングやサービスの改善に活かすことが求められています。

第2章

入会特典で会員を増やしても解約されたら意味がない

●入ったと思ったらすぐ解約されてしまうわけ

サブスクリプションサービスが広がるにつれて、大量の解約が発生しているというマイナス面があることも鮮明になってきました。1カ月で半数以上が解約していたら、入り口の時点で問題があったと考えられます。

とある、有料チャンネルの新規会員特典で、新規入会者に5キロのお米券進呈という特典を付けたことがあります。ところがその後追跡調査をしたところ、お米券をもらって入った人のうち98％はやめてしまいました。お米だけが目当てで、有料放送の番組を見る気は最初からなかったのです。一方で、この特典なしで入会した人たちの同時期の退会率は30％でした。サービス内容と縁遠いキャンペーンが収益につながらず、その広告宣伝などの費用が結局持ち出しになったことは容易に想像できます。

定額でサービスを利用するサブスクリプションだけでなく、定期通販などでも同様のことがいえます。

例えば、通販のネット広告やテレビショッピングでは、必ずといっていいほど初回限定の大幅割引や特典が付いてきます。たまたま目にしたものだけでも、通常価格４５００円のサプリメントが定期購入の初回だけ９８０円、麹の生酵素の定期購入コースが初回89%オフの５００円、５５００円の健康食品が初回のみ０円。しかし商品にそれほど興味がなくても入会時のインセンティブにつられる場合が多いので、すぐやめていくことになります。当然、解約率は高くなります。こういう売り方でいいのか、疑わざるを得ません。

ある通販会社が、ネット広告で売れたときに1個７０００円の掲載料を払う契約をしていたとします。初回限定で５００円の商品が1個売れただけだと６５００円の持ち出しです。でも2カ月目以降は通常価格で自社から定期購入してくれるので、３カ月目で広告料金が相殺されて、それ以後は固定客として売上が立つ。最初は赤字でも後々収益が得られる。通販会社はこのように計算しています。

ところが特典付きの1回目だけで解約する会員がほとんどだと、５００円で売れば売るほど赤字が増えていきます。しかも初回限定の価格でたくさん売れてしまうと、一度のキャンペーンで何千万円から億の単位のネット広告掲載料が発生します。

「初回限定特典」のように定期購入の会員を集めて後で回収しようとする手法は以前からありましたが、同じような商品やサービスを提供するところが増えているので、競争が激しくなるとともに乗り換えも増えます。安定した会員が獲得できず、自転車操業のような状態に陥るところが次々と出てきてもおかしくありません。

サブスクリプション事業は、入り口で長続きするユーザーを呼び込むことができないと解約者が増えていき、こうした通販会社と同じような悩みを抱えることになります。

●長く続けてくれている顧客へのインセンティブがない

初回限定の特典提供は、継続会員を得られるかどうかは別にして、入り口の時点では赤字を覚悟しなければなりません。その新規勧誘コストは、既存の顧客から得た収益で補填します。会員になって経営を支えてくれている人が、すぐにやめてしまう人のための広告や経費を負担しているわけです。

入会者募集キャンペーンのたびにこうしたことが起きているので、長く会員になっているロイヤルカスタマーほど損をするという構図です。そのことに気づいた長期ユーザーは「この間入った人はクオカードがもらえるのに、自分のときはなにもなかった。今もなにも特典がない」と不満を抱えるようになります。この不満が蓄積されていると、解約にもつながります。

多くのサブスクリプションサービスは、使い始めて5年経った人も今日入ったばかりの人もサービスの中身は変わりません。入ってすぐに自分と同じ映画が見られるのに、何年経っても優遇してもらえない。長期ユーザーは口には出さなくてもこんなふうに思っています。もしかすると長期優遇キャンペーンが行われているのかもしれませんが、会員に情報が届かなくて案外知らないことが多いのです。

すでに顧客になってくれている人に気が回らないサブスクリプション事業者は少なくありません。本来は新規入会者だけでなく、むしろそれ以上に長く続けてくれている顧客に還元するべきです。

●アフィリエイト広告も問題を抱えている

私が勤めるマクビープラネットはデータを活用したマーケティング分析サービスを提供していて、特にネット広告のデータ分析やコンサルティングが多くなっています。社内にエンジニアを抱えて広告効果を高める分析や省力化を進めるためのテクノロジーを開発し、広告主とメディアの間に入って広告のコンサルティングを成果報酬型で提供しています。なかでもアフィリエイト広告の需要が増えています。

そのアフィリエイト広告業界でも、これまでのやり方が続かなくなっています。

アフィリエイト広告は成果報酬型の広告で、以前はネット上で人気のあるパワーブロガーの個人サイトなどによく掲載されていました。ブロガーが気に入ったものを紹介し、広告のバナーをクリックするとその品物が購入でき、売上に応じてブロガーには報酬が支払われます。そこから発展して、最初からアフィリエイト広告の成果報酬を目的にして人を集めるアフィリエイトサイトが登場しました。今では後者の方がメインとなっています。

広告を出す通販会社などは、広告代理店を通して複数のアフィリエイトサイトに掲載します。またアフィリエイトサイトを運営する会社の運用支援をしたり、運用そのものを代行している会社もあります。アフィリエイト広告にはこうしたさまざまなプレイヤーが関わっています。

アフィリエイトの広告には、脱毛クリーム、痩身などのサプリメント、育毛剤、理美容品など「本当に効果があるか保証はないけれど、できれば効いてほしい」と思って購入するものが目立ちます。薬機法で効果をうたうことは制限され、消費者庁は通販ショッピングで問題が起きないよう注意を喚起しています。「痩せる」とか「スリムになる」といった広告表現はタブーで、「お腹の脂肪を理想の形に」「体の中から美しくなる」などボーダーラインぎりぎりの言い回しをしています。

このアフィリエイト広告業界もまた、入会してすぐやめてしまう方が多いという問題を抱えています。アフィリエイトサイトの会社から聞いた話では、広告主が「ユーザーの定着率が落ちて困っている」「1000人の入会者を集めても20人しか残らない」などの話が実際にあります。

●広告に対する世の中の目が厳しくなっている

なんとか購入者を増やしたい広告主は、アフィリエイト広告で毎月５０００人集めたいなどと考えます。その結果ポイントサイトに広告が出たりするのですが、質の悪い反応しか得られません。

商品名を検索して自社サイトで直接買ってくれる人たちは、長続きする会員になる人が多いので売る側の企業にとっては質がいい反応です。商品名では検索はしなかったけれども、例えば「スムージー」を検索してリストの上位に出てきた会社の商品を選んだり、検索ページに出てきた広告を見て買いに来る場合も、指名買いほどではありませんが、気に入ればリピーターになってくれると期待できます。

人気ユーチューバーや、発言が影響力を持つインフルエンサーに取り上げてもらい、その評判を購入につなげるという手法も使われています。「この〇〇、いいみたい。試してみて！」とインフルエンサーが紹介して売上が急増した例もあります。ただそのまま長期的な会員になるかどうかは分かりません。しかも消費者は、ユーチューバーやインフルエンサーが裏でお金を受け取っているのではと疑い始めています。

さらによくないのが、1個商品を購入すると3000ポイント進呈といった特典が付くポイントサイトです。そこに初回限定980円のような広告を出すと、1ポイント1円相当のポイントが3000ポイント付くから買えば儲かると思って購入する人たちが出てきます。こういう人はそもそも商品自体に興味がないので、初回限定価格でなければ買う気はありません。商品告知のためのコストと割り切るなら別ですが、会員獲得につながらなければLTV（顧客生涯価値）に貢献することは期待できないでしょう。

一般消費者も広告と長く付き合ってきていますから、広告業界のやり方に慣れてきて、見方が厳しくなっています。そこで効果を上げようとしていろんなことをしてみるが、反応の質はどんどん悪くなるという悪循環が起きます。これはアフィリエイト広告に限ったことではありませんが、今のマスマーケティングが抱えているジレンマです。

●マーケティングがステマに汚染されている

いわゆる「ステマ」問題が２０１２年に起きました。芸能人たちがお金をもらって、実際には使ったことがない不正なオークションサイトを勧めていたことが分かり炎上しましたが、この事件は広告宣伝やマーケティングというものに対する世間の印象をかなり悪くしました。

ステマはステルスマーケティングの略語で、ステルスとは「こっそり」といった意味合いの英語です。「宣伝と気づかれないようにする宣伝」と言ってもいいでしょう。感覚的には「やらせ」に近いかもしれません。

あのビヨンセがインスタグラムに1回投稿すると、70万ドルの収入があるといいます。モデル兼起業家のカイリー・ジェンナーは1回つぶやくと１００万ドル、1億円以上の収入になるそうです。彼女たちはたくさんのフォロワーを持っているインフルエンサーなので、気に入ったものをアップしたり話題にすれば評判になります。取り上げてもらった企業はお礼にお金を出し、もっと言ってくださいとお願いするというインフルエンサー・マーケティングは当たり前のように行われています。日本の「ステマ」事件と違って嘘をついているわけではないのですが、この金額を聞くと信じていいものかという気もしてきます。

世の中には、知られていないけれども、ステマのようなものがたくさんあるようです。テレビのバラエティ番組が大手通販会社とつながっているとか、報道番組のコメンテーターがお金を受け取って宣伝に近い紹介をしている等々の話が漏れ聞こえてきます。当社にも、ある番組のコーナーに出てピーアールしませんかと声がかかりましたが、よく聞いてみるとタダではないのでお引き取り願ったことがあります。

口コミサイトの「食べログ」や「アットコスメ」に対しても、書き込みがやらせではないか、広告料を出している店が有利に扱われているのではないかと疑う声が少なくありません。実際の味や雰囲気、品質と評価点数とが一致しないという声はよく聞きます。感覚には個人差があるのである程度はしかたがないことかもしれませんが。

その中にあってアマゾンのカスタマーレビューは、実際に商品を買わないと書き込むことができず、またレビュアーをスコアリングして点数の高い人のレビューから順に出てくるなど、信用できる評価だけを掲載するように配慮しています。が、これもレビュアーを探し出して商品の購入と書き込みを依頼する動きがあり、信用しきってしまうわけにはいかないかもしれません。

いかに宣伝を宣伝っぽく見せないかという方向に進み、やらせが世の中に溢れています。そのためマーケティングがステマに汚染されてしまっているのが現状です。

●広告業界もＬＴＶを意識し始めた

通販業界も、初回だけディスカウントしてもリピーターにならないと気づいています。入り口でこんな売り方をしていて続くわけがない、ポイントサイトやステマのような人をつろうとする広告の世界からは抜け出したいというのが本音です。

さまざまな広告やメディアでも、そんな意識の変化が見て取れます。

ネット広告では、コンバージョン（獲得成果）という指標が重視されます。その広告を打ったことでどれだけの見返りが得られたかを示す数値で、分かりやすいコンバージョンは広告によってもたらされた販売数や売上額です。展示会の告知広告だと、集客やその場での問い合わせ、商談、成約の数などを広告のコンバージョンとすることもあります。ですから目的によってコンバージョンが変わってきます。

アフィリエイト広告では、例えばクレジットカード会社や信販会社のコンバージョンに対する要求水準が高くなっています。以前ならば、アフィリエイトサイトで広告を見た人から申し込みがあってカードを発行しただけでコンバージョンとして評価され、カード会社からは１件につきいくらという報酬がありました。

それが、カードを作った人が一定期間のうちにある金額以上利用した場合だけをコンバージョンとみなすという条件が付けられるようになりました。いくら入会者が増えても、カードで買い物やキャッシングをしてもらわなければ意味がないからです。

カード会社は入り口での数を増やすよりも、ＬＴＶを高めることを重視することに切り換えたのです。これは合理的な考え方で、自然なことでもあると思います。

●「いかに売るか」のマーケティングだけでは済まなくなった

顧客との関係を続けようとしても、入り口で間違えるとすぐ離れていくことに気づいたカード会社は売り方を改めました。とにかくいったん入ってきてもらうという考え方では後が続かないことを理解したからです。つまり、マーケティングは入り口では終わらないということです。

これまでのマーケティングは、新規を獲得することだけ考えてきたのではないでしょうか。消費者がモノを買っては使い捨てを繰り返してきたように、企業もユーザーを使い捨てにしてきたのです。そんな大量生産、大量消費的なマーケティングがずっと続いてきました。

しかしすでに見てきたように、ユーザーは「買う」よりも「使う」ことの方を重視し始めています。「消費者」が「利用者」に変化しているともいえるでしょう。新しい服を買って着なかったら捨てるのではなく、必要なときだけ借りて着る、ジュエリーもいろんなものを送ってもらって着けてみるというサブスクリプションサービスは、そんな変化を反映しています。サブスクリプションではありませんが、ブランドバッグをラインで査定して買い取るビジネスもあります。家で眠っていたものが、リユースされることで価値を取り戻します。

サブスクリプションは、ユーザーがモノをリユースするように、カスタマーをリユースするところがビジネスモデルの特徴なのかもしれません。

●「所有」せずに「利用」するシェアリングエコノミーが当たり前に

自分の持ち物にはならないけれど、利用できて楽しめるならばそれで十分、わざわざ買って持つ必要はなく、体験そのものを大切にするというのが若い人たちの間ではトレンドになっています。音楽はネット配信やダウンロードやストリーミングで聞き、CDはもう買いません。

全米レコード協会によると、アメリカでは2019年上期に音楽業界の売上の80％をインターネットによるストリーミング配信サービスが占めるようになりました。音楽の有料サブスクリプションサービスの加入件数は６０００万件を超え、こちらも急成長しています。

同じようにゲームも、スマホアプリを使って電車の中でする時間の方が長くなっています。アップルの「アーケード」やグーグルの「スタディア」というサブスクリプションのゲームサービスでは、プログラムはサーバに置かれてクラウド化され、ストリーミングで遊び放題になっています。

カセットやＤＶＤに入っているゲームソフトは過去の遺物となりつつあります。かつて一世を風靡したファミコンのカセットはもう見かけなくなりました。カセットに名前を書いて友達と貸し借りしたのは昔のことで、ゲームを買ったとか家に持っているという経験がない今の子供たちは、ゲームを所有するという感覚がありません。

若者は自動車も買わなくなったといわれています。確かに日本でもアメリカでも出荷台数が減っていますが、自動車離れが起きているわけではなく、アメリカでは配車サービスの「ウーバー」や「ライドシェア」が、日本ではカーシェアリング市場が成長を続けています。インターネットとスマホで予約でき、それほど待たずに配車してもらえるので不便を感じません。

グーグル系の自動運転開発会社「ウェイモ」が始めた自動運転タクシーは、すでにアメリカの一部の州で商用サービスを始めています。アメリカのような車社会で、車を持たなくても済むようになりつつあるのは大きな社会の変化です。

自動車が売れなくなっても、人の移動はなくなりません。買わずに使うシェアリングエコノミーがここでも当たり前になりつつあります。

●シェアリングサービスは重厚長大産業と肩を並べるようになった

シェアリングサービスをしている企業は、ここ何年かで急速に成長を遂げています。

試しに株価の時価総額を比較してみましょう。２０１８年のウーバーの時価総額は７２００億ドルで、自動車メーカーで世界3位（当時）のフォルクスワーゲンが７４１０億ドルです。毎日車を何万台も生産している製造業の会社に、１台も作っていないウーバーが肩を並べようとしています。

ホテル・宿泊業では、予約サイトのエアビーアンドビーが3100億ドルで、世界的なホテルチェーンのヒルトン・ホテルズ&リゾーツの2800億ドルを上回っています。宿泊サービスを提供している点は同じですが、ヒルトンは世界各地に不動産や建物などの施設を所有しています。一方でエアビーアンドビーはオフィスも借り物ですが、時価総額で負けているのはヒルトンの方です。

サブスクリプションサービスでは、世界的な動画配信サービスのネットフリックスが時価総額1兆5400億ドルです。米国ケーブルテレビNBCが1兆9300億ドルで、これに肉薄しています。ネットフリックスは最近になってオリジナルコンテンツの制作にも力を入れていますが、もともとは他社が作った映画やドラマなどの番組を自社のプラットフォームで流しているだけでした。見たいときに見るという視聴パターンが、従来型のテレビの視聴パターンと逆転しつつあります。

見方を変えると、ウーバーが事業を展開するために使う車をフォルクスワーゲンが作っています。旅行予約サイトのエクスペディアのために飛行機が飛んでいるといえなくもありません。すでに海外のホテルは、ホテルズドットコムとエクスペディアからの集客が8割を占めています。

これはネットビジネスの道具を旧来の重厚長大産業が供給しているという構図です。ビジネスの風向きが確実に変わり始めました。トヨタ自動車の時価総額はフォルクスワーゲンのおよそ2倍でまだまだ上ですが、これからはウーバーのために作って提供する側になるかもしれません。自分で資産を持つプレーヤーよりも、情報を集約し仲介するプレーヤーが中心になる産業構造へと世の中が変わりつつあります。

●アドビはサブスクユーザーのデータから新たなビジネスを展開

アドビはパッケージソフトウェアの売り切りをやめてサブスクリプションサービス「アドビ　クリエイティブ　クラウド」を始め、ソフトウェアの所有をクラウド上での利用へと転換させました。同時にその利用データをもとにビジネスの領域を広げています。

アドビはユーザーの一つひとつの操作について、起動してから終了するまでのログをすべて取っています。それをクラウドからアドビのサーバへと集約しています。こんな画を描くときはどのツールを使ってどう作業するか、赤の横にはどういう色を置くか等々、さまざまな作業パターンが蓄積されていきます。このビッグデータをもとに、デザイナーのセンスを学習した「Ａｄｏｂｅ Ｓｅｎｓｅｉ」というＡＩ（人工知能）エンジンを構築しているのです。今もそのデータは日々更新され、フィードバックされて機能が向上しています。

「Ａｄｏｂｅ Ｓｅｎｓｅｉ」を使うと、例えば画像の中からリンゴだけを取り出すように指示すればリンゴを、人なら人をきれいに切り抜くことができます。いらない背景を自動判別して取り除いているのです。

画像認識のＡＩエンジンは、通常はリンゴの写真を大量に機械学習させるという方法で構築します。リンゴというものはだいたいが赤くてこんな形をしているとコンピュータがディープラーニングによって自己学習していきます。アドビはそれを自動的に行うしくみを持っています。「Ａｄｏｂｅ Ｓｔｏｃｋ」という素材サービスがあり、何億パターンもの画像を持っています。その中からデザイナーがリンゴと検索したときに選んだものを、リンゴの画像だと認識させています。

ＡＩにものを教えるのは実はなかなか大変な作業で、末端では基礎となるデータを一つひとつ人間が教え込ませています。例えば自動運転に必要なＡＩは、人や車や自転車を認識しなければなりません。その画像を1枚ずつ読み込ませては、これは人、これは車、自転車と入力します。自動認識や省力化のために、裏側では人海戦術が繰り広げられています。

「Ａｄｏｂｅ Ｓｅｎｓｅｉ」では、サブスクリプションを利用している人たちがその役目を担っています。しかも世界中のプロのデザイナーのセンスを反映しているので、高いレベルの画像認識や作業支援ができます。その分「アドビ クリエイティブクラウド」のユーザーは、デザインの質を一定の水準まで底上げできるのです。

●デザイナーの仕事を変えてしまう「Ａｄｏｂｅ Ｓｅｎｓｅｉ」

フォトショップやイラストレーターを使っていれば、意識しなくても「Ａｄｏｂｅ Ｓｅｎｓｅｉ」のお世話になっています。なにか画を描くと、「Ａｄｏｂｅｅ Ｓｅｎｓｅｉ」が「これはトラだ」と理解します。また画像の中にいる人間を認識した上で集合写真を自動的に作ってくれたりもします。人間の口を開けたり閉じたり、そこになかったものを出して見せたり、動かないものを動画にして動かしたりと、いろいろなことが可能です。

ＡＩの音声認識と画像認識の技術で、例えば「ポスターを作りたい。中心に女性を置いて周りには動物を配置して背景は宇宙で」と話しかけると、いくつものパターンのポスターの見本を作ってくれます。デザイナーはＡＩが作ったパターンから気に入った作品を選ぶだけで済みます。

また、アドビの音声編集ソフトは、ＩＣレコーダーで録音したインタビューの音源から無駄な音声を取り除いてくれます。世界中の音源をもとにしたビッグデータから、こういう言葉はいつも削除されていると認識しています。インタビュー記事を書くのも、ＡＩでかなり楽になるでしょう。

このようにサービスの利用状況を事細かに把握し、そのデータを次のサービスにつなげられるのは、定点観測ができるネット経由のサブスクリプションならではの特長です。しかも改善した結果がすぐにサービスに反映されるので、顧客満足度がアップします。パッケージソフトウェアとして売ってしまうと、その後どう使われているか追いかけるのは至難の業でした。

日本ではまだ、そんなデータを取ってどうするのかという段階です。トヨタ自動車が始めた車のサブスクリプションサービスも、こういうときはどうアクセルやブレーキを踏むか、ハンドルの切り方にはこういうパターンがあるといった情報を集めると面白いデータになりそうです。「Ａｄｏｂｅ Ｓｅｎｓｅｉ」と比べてしまうと、なにもしないでいるのはもったいない話に思えます。

●消費行動モデルに「解約」を加える必要がある

世界的にも、マーケティングの9割は新規獲得に重きを置いています。営業して契約したらそれっきりで、やめていった相手を追いかけるよりは次の取引先を探します。

モノやサービスを一般消費者に売るテレビCMは、延べ何億人に見せましたということで成り立っています。しかし今家庭では、リビングにテレビがあるにもかかわらず子供たちは自分のスマホやタブレットを見ています。人が目にする画面の種類が増えて、マス広告が視聴者に届きにくくなりました。

「契約を取る」「売り込む」という入り口のマーケティングは、これまでに十分研究され尽くしたといっても過言ではありません。しかし時代は「1対N」から「1対1」へと変わってきています。個人レベルに目を向けたスモールビジネスを前提にした新しいマーケティングが必要です。

広告の対象を属性などのセグメント別に切り分ける技術が進んでいるネット広告

も、まだまだ中心はマス広告です。１件のコンバージョンあたり10円の広告費でも、２００万人をターゲットにすれば２０００万円かかります。それでも１０００人程度しか集客できないことは珍しくありません。それよりは５０００人のマーケットを対象にして、そこから４０００人の集客ができる小さな単位の広告の方がはるかに効率的です。マーケティングの発想を、マス広告ばかりでなくそちらにシフトすべきではないでしょうか。

しかも日本はこれから人口が減っていきます。そこでパイの取り合いをすれば消耗戦になるだけです。新規獲得に躍起になるよりは、すでに顧客になってくれている人たちをもっと大事にして、今一度きちんと向き合ってはどうでしょうか。買おうとするのがどんな人たちなのかだけでなく、スモールビジネスでは特に実際に利用してきた人たちの声を聞いてみることが大事です。

なかでもほとんどの会社が目を向けていないのが、使い終わる、やめる、解約するという出口のところです。

マーケティングで使われる消費行動モデル「ＡＩＳＡＳ」は、企業と消費者との

消費行動モデル

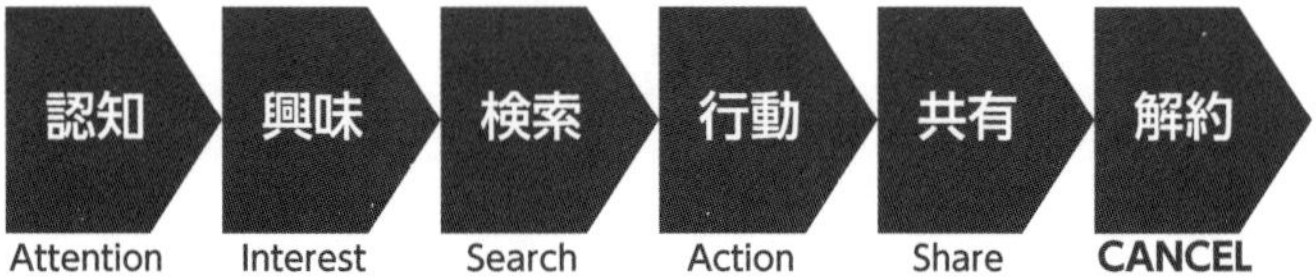

接点となる「認知（Ａｔｔｅｎｔｉｏｎ）」から「興味（Ｉｎｔｅｒｅｓｔ）」「検索（Ｓｅａｒｃｈ）」「行動（Ａｃｔｉｏｎ）」「共有（Ｓｈａｒｅ）」を重視します。私はこの行動のモデルに「解約（Ｃａｎｃｅｌ）」を加えています。

この顧客との最後のタッチポイントにくさびを打ち込むのが、解約防止です。そして解約防止をすると、新規ユーザー獲得よりもはるかに効率よくＬＴＶを上げることができます。

そして解約を防止しようとするだけにとどまらず、解約でなにが起きているかを分析します。

あなたのビジネスの欠点を一番よく知る人たちは、実際に使ってみた結果やめようとしている人たちです。その解約希望者群から得られる情報の価値や活用しうるポテンシャルを、まだ企業の側では認識していません。その結果、本来ならすぐにでも手を打つべき重大な問題を見過ごしてしまいます。

顧客との最後のタッチポイントを大事にする。やめようとする人の声にも耳を傾けて解約の理由を分析する。それをビジネスにフィードバックしていくことは、ＬＴＶを上げていくことにつながります。

解約という出口を押さえたマーケティングに、すぐにでも着手するべきです。

第3章

「解約したい」を「続けたい」に変える
AIを活用したリテンションマーケティング

●解約防止のチャットボットツール「Ｒｏｂｅｅ」

定期契約サービスには、必ず更新時期が来ます。自動車保険なら年1回、火災保険は2年に1回で、そこが解約のタイミングでもあります。保険会社をその都度変えようとする人はあまりいないでしょうが、多くのサブスクリプションビジネスは毎月解約のタイミングが来ます。

当社が行った男女５００人へのアンケート調査では、解約したことがあるサブスクリプションサービスで最も多いのが動画配信の15・8％で、続いて音楽配信の9・6％、雑誌６・６％、洋服、食品、学習、化粧品がいずれも5％前後でした。動画配信、音楽配信が多いのは、それだけユーザーが多いからでしょう。

いずれにしても続けてもらうことが前提のサブスクリプションビジネスは、やめられると利益が確保できなくなり、しかも解約に伴うコストがかかります。クレジットカードの登録情報やデータベースからの削除、配送中止の手配、それに伴う人件費や手間が発生し、ある大手通販サイトでは1解約あたり約１５００円のコストを

今まで解約したことがあるサブスクリプションサービス

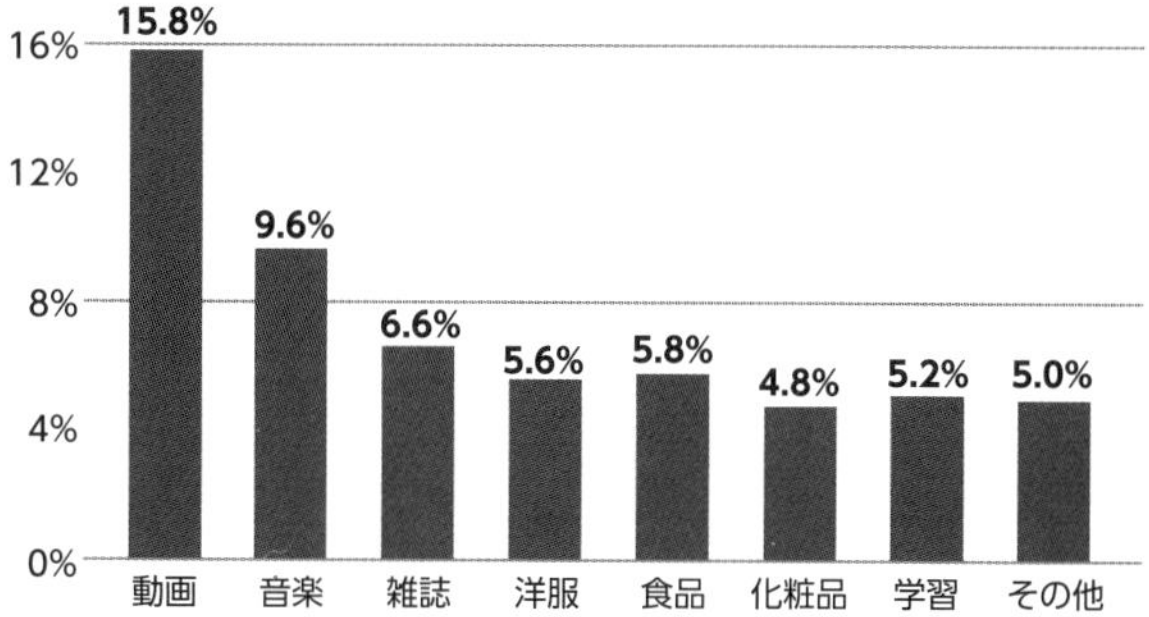

※男女500人にアンケート：今まで解約したサービスは？（複数回答）

見ているといいます。もし初回限定価格５００円で売っていたとすると、すぐに解約されて１５００円のコストがかかるのでは売らない方がましということになります。

いかに会員を維持し、離れていくのを引き止めるか。成長市場なだけに、後手に回ると問題も大きくなるので早く手を打つ必要があります。

マクビープラネットが解約防止・分析ツール「リテンションマーケティング ｂｙ Ｒｏｂｅｅ」（以下「Ｒｏｂｅｅ」）をリリースしたのは２０１９年5月です。簡単にいえば、サブスクリプションのサイトにある解約ページで解約希望者と対話するチャットボットです。チャットボットは「チャット+ロボット」の略語で、解約希望者はこの「会話ロボット」を相手に、ラインのような感覚でテキストベースのショートメッセージをやりとりします。

当社にはもともとエンジニアが作ったオリジナルのチャットボットがありました。ＡＩで各種分析をしてネット広告をサポートし、コンバージョンを高めるために開発したものです。「Ｒｏｂｅｅ」はそれを解約防止用に作り直しました。エンジニアだけでなくシナリオライターとデータ分析担当者が加わって、さまざまなケースを想定して選択肢を作り、会話の流れをシナリオ化しています。チャットボットというと機械仕掛けのようなイメージがありますが、その裏では人の手をかけてアナログ的な泥臭さもプラスして、チャットボットでありながらどことなく人間らしさも感じられるようにしています。

●解約を止めないと意味がない

解約防止のチャットボットを開発したのは、アフィリエイト広告などで集客した会員の定着率が落ちていると聞いたことがきっかけでした。短期的には薄利でも、1年、2年と続けてくれるユーザーに来てもらって長期的に安定した経営がしたいという相談が増え、こうしたツールが求められるようになったといっていいでしょう。

自社のチャットボットができていたので、最初は購入時や入会時に会話をさせようと考えていました。しかし解約者が増えて困っているのだから、最後の解約しようとするところで「本当に解約したいのか?」「解約しようとする理由はなにか」を尋ねて、それに対してトークしていくことで考え直してもらってはどうかという発想に変わりました。

「Ｒｏｂｅｅ」のチャットボット第1号を設置したのは、アニメ動画配信サイトのバンダイチャンネルです。それまで新規入会数と退会数が拮抗した状態が長く続いていましたが、この解約防止ツールによって純増傾向へと転換できました。そして導入して2カ月後に解約防止率が11%を超えました。サイトの解約ページに来た人の9人に1人が、解約を撤回するようになったのです。解約防止率はクライアントにより異なり、月によっても変動しますが、導入後確実に継続する人が増えるのは共通しています。

そして解約ページで得られたユーザーの声の情報は、それまでアンケートで得ていた量の20倍近くになりました。見返りのないアンケートは一方的に書かされる感じがするものです。しかもやめるときにそんな面倒なことをしたくないと無視されがちです。それを一問一答の対話形式に替えただけで、回答率が大幅に上がりました。

●顧客獲得コストよりも解約防止コストの方が低い

サブスクリプションビジネスでは、１０００人が入会しても１０００人がやめていけば収益は増えません。やめていく人が増えて仮に10万人になってしまったら、10万人の新規会員を集めないとマイナスになってしまいます。新規会員獲得には費用がかかりますが、では解約防止にはどれぐらいの費用がかかるでしょうか。

「Ｒｏｂｅｅ」の使用料金は、月極めの定額料金プラス解約防止１件ごとの成果報酬です。解約防止一人あたりのコストはケースバイケースなので、モデルケースで考えてみます。

最悪の場合はその月に一人も解約防止できなかったときで、月極め料金だけがかかり無駄な出費となります。こんな状態が続いたら、「Ｒｏｂｅｅ」は使ってもらえなくなるでしょう。それでも少し我慢して続けてもらった結果、解約をやめて継続してくれるようになった人が増えて、「Ｒｏｂｅｅ」の使用料金と解約防止した人たちからの月額収入が同じ金額になったとします。その人数が５００人だったとしましょう。ここが単月の損益分岐点になります。

解約をやめた人たちがその後も継続し続ければ2カ月目からは黒字になりますが、そこは考えないことにしても、毎月の解約防止数が５００人よりも増えていけば、一人あたりにかかるコストは下がっていきます。

当社のあるクライアントの場合、この損益分岐点における一人あたりの解約防止コストは約１０００円です。サブスクリプションでは一人の顧客を獲得して増える売上も、一人解約防止して減るのをくい止めた売上も同額ですから、単純にコスト同士を比較すればどちらが効率的か分かります。

では広告による新規獲得コストの方はどうなるでしょうか。例えば１００万円の広告費をかけて１００人のユーザーが集まったとすると、一人獲得あたりのコストは１万円です。広告の世界で、これぐらいのコストがかかるのは珍しくありません。一人あたり１０００円のコストで新規顧客が獲得できることはまずないはずです。解約防止コストは、新規獲得コストの数分の１から10分の１程度しかかかりません。しかもこれは損益分岐点でのコストで、解約防止数が増えれば一人あたりのコストはさらに低下していきます。どちらが収益に貢献するかは考えるまでもないでしょう。

●まだ認知されていないリテンションビジネスの必要性

解約防止は既存ユーザーを対象にしたマーケティング活動で、ＬＴＶ（顧客生涯価値）を上げたいという需要に応えることができます。

マーケティングの分野では、既存顧客を維持確保するための方策を「リテンション」と呼びます。リテンションの元の意味は「保持すること」で、ＬＴＶの向上が目標になります。リテンションビジネスの会社は日本にもいくつかありますが、まだ市場を形成するまでには至っていません。マクビープラネットが提供するリテンションサービスは、解約のタイミングでユーザーと出会うという点でほかにない独自のものといえます。

「Ｒｏｂｅｅ」のリテンションサービスを紹介するために企業を回ると、まず気づくのが解約の専任担当者がほとんどいないということです。マーケティング部門についでに解約も見ている人がいるようなところがほとんどで、解約部門を持っているのはＷＯＷＯＷぐらいしか思い当たりません。

解約されるのはしかたないと割り切っている企業もあります。ある訪問先では「そういう後ろ向きなマーケティングはしたくない」と言われました。新しいお客さんを取るのがいいことだという考え方がまだまだ強いと実感します。

セールスプロモーションには、売るためだからお金をかけてもいいという暗黙の了解があり、マスコミや芸能人との付き合いもあってか華やかな一面があるので社内でも目立ちます。今の顧客を大事にしていくことも大切だと思って継続や解約防止に力を入れようとしても、それを言い出しにくい雰囲気があるところが多いようです。そんなことをするなら大きなキャンペーンでCMを打った方がいいというような、漠然とした優先順位があるのは、解約防止の効果を知っている私たちからすれば残念なことです。

「セールスプロモーションの人に、代わりに言ってくれませんか」と私たちが頼まれることもあります。解約防止にも目を向けるように、第三者の立場で説得してほしいというわけです。リテンションの重要性が多くの人に認知されるまでには、もう少し時間がかかるかもしれません。

●大手サブスクリプション企業もリテンションに乗り出す

とはいえ、解約が増えて目前の問題になっているところでは、「Ｒｏｂｅｅ」の実績を話すとすぐに乗り気になります。感覚的にはこれまで回った中で半分以上の会社が「止められるものなら止めてほしい」と思っています。

すでに動画配信サービス企業や、定期通販の企業の、ユーザー向けサイトの解約ページで「Ｒｏｂｅｅ」が稼働しています。これらの実績については後で詳しく触れます。

このほかにサプリメントを始めとする各種通販、飲食チェーン、ゲーム会社、レンタルサーバ、クラウドストレージサービスなどさまざまな業種の会社から、導入を検討したいという話が来ています。サブスクリプション事業者以外の話もあり、目的も解約防止にとどまりません。その中から、対話型のチャットボットにどのようなニーズがあるのかをいくつか例を挙げて紹介します。

ここまで度々話に出てきた動画配信サービス企業も、当社のチャットボットに注目しました。この手の通常の解約ページは、簡単な解約理由のアンケートを取るだけで、特に深いコミュニケーションをせずに解約手続きを行っていました。なので、あまり深い理由や要望を聞き出せないまま、なんとなく解約する人も含めてそのままになっていました。せっかく効果的なサービスの改善点や要望が聞ける機会だったのに、それが活かされていませんでした。大手のサービスほど、生産性が高く効率もよいのですが、一方では個人レベルにまで細分化した対応が足りていない部分を感じます。実際に利用した人たちの声は、サービスについてユーザーがどう考えているかを知り、その上で特性に合った対応をするための基礎情報となります。

「Ｒｏｂｅｅ」は解約防止率が10％を見込めますが、当然それよりも多くの人数がチャットボットと接触します。チャットボットの利用率は5割近くになり、質問への回答や書き込みも多いので、たくさんのユーザーの声を聞くことが期待できます。

マイクロソフトも「オフィス」シリーズでアドビと似たようなサブスクリプションビジネスをしています。月額払いでパソコンが使えるサービスで、「ＤａａＳ」（デバイス・アズ・ア・サービス）と呼ばれています。一見リースやレンタルのようですが、技術の進歩に伴って新しく出てきた機種と交換をすることができます。もちろんパソコンが壊れれば取り替えてもらえます。再設定やセキュリティ管理もサービス料金に含まれているので、ユーザーがいちいち手間をかけてやり直す必要がありません。

料金設定はパソコンを買うよりもやや高めですが、パソコンに関する管理業務から解放されます。そこにかかっていた手間やタイムロス、人件費を考えれば、便利なだけでなく割安かもしれません。ここでもリテンションサービスの導入が検討されています。

●顧客情報収集のためにチャットボットを使う

ほかにも顧客とコミュニケーションを取るためにチャットボットを導入しようとするケースは少なくありません。

健康食品などを扱うとある通販サイトでは、やめようとする人たちともきちんとリレーションを持ち、やめたとしてもいい関係を保ちたいという相談を受けました。他のチャンネルで販売している、洗剤や生活商材まで嫌いにならないでほしいということです。解約防止も大事だけれど、なぜ解約するのか、これまでにどんな印象を持っていたのかを知りたい、自分が聞けなかった声を代わって聞くコミュニケーションツールとして使いたいというのが最大の目的だということです。

すでにチャットボットを導入済みの会社の例として、結婚、引越、入院などのライフイベントの情報が得られて、「結婚おめでとうございます」といったコミュニケーションを取っていると話すと、ぜひそういう関係を構築したいと希望していました。

この会社は、チャットボットでコールセンターの負担を軽減することも検討しています。コールセンター業務はこれまで通り続けるけれど、一人を相手に1時間以上話すこともあるので、顧客対応をコールセンター任せにせず効率化したいといいます。またチャットボットとの対話で得られた内容は、各種データや分析の月次報告だけでなく場合によっては早く伝えてほしいという要望も受けました。

本当はお客さんの顔を見て、ありがとうございましたと伝えたいが、デジタル技術を使ったマーケティングではそういうことができなかった。でもこのチャットボットが自分たちが望むことをかなえてくれるかもしれないと、担当の方は話していました。こういうところに共感してくれる会社もあるのだと実感しました。

●幅広いニーズがある解約防止のチャットボット

ほかにも定期購入会員を持つ通販サイトからのチャットボットへの問い合わせが急増しています。

サプリメントや健康食品、化粧品販売のサントリーウエルネスは「セサミン」などの名前をよく聞きますが、このサイトでは解約の理由として「飲みきれない」「食べきれない」が最も多いと分析しています。そこで毎月届くところを2カ月に1回にするなど商品の配送回数を変えて解約が防止できると考え、当社のチャットボットを使ったしくみを作り効果を検証する予定です。

化粧品の大手通販サイトは、無料サンプルや初回お試し価格を続けるよりも長く購入し続けてもらうことに力を入れるため、チャットボットを入れたいということです。このように会員増から顧客生涯価値へとシフトする動きが、特に通販サイトでは目立ちます。

変わったところでは、非営利団体からも問い合わせがありました。月々1000円程度の寄付金で運営費を賄っているのですが、ここ何年かは解約の手紙を受け取ることが増え、寄付する人が減っているそうです。寄付してくれる人は高齢者が多いのではという程度の認識で、個別のプロフィールのデータは持っていません。チャットボットを入れるにしても、まずサイトの立ち上げから始めなければならない状態でした。ビジネスではありませんが、これも一種のサブスクリプションといえます。想定していなかったところにニーズがあることが分かりました。

飲食店チェーンからは、予約のキャンセル防止ができないかという相談がありました。せっかく用意した食材を大量に廃棄しなければならずもったいないというのが動機です。以前からあった問題ですが、大人数のキャンセルで頭を悩ませている店の実情が報道されて一般の人にも知られるようになりました。チャットボットでどれだけキャンセル防止の効果があるかは分かりませんが、ネットで機械的に受け付けているよりは、人間っぽさが感じられるチャットボットとの対話で印象が変わってくるかもしれません。

●解約を抑止しようとするリテンションサービスとの違い

ここで当社のチャットボット以外のリテンションサービスにも触れておきましょう。

Ｚｕｏｒａ、セールスフォース・ドットコムといった会社は、顧客管理の一環としてリテンションサービスをしています。どちらも海外発のリテンションで、日本企業ではＫＡＲＴＥという会社が同様のサービスをしています。

「Ｒｏｂｅｅ」がやめようとする人に出口で待っていて話しかけるのに対して、これらのリテンションサービスは、出口まで来ていないけれどサブスクリプションサービスをあまり使っていない人たちにもっと利用してはどうかと言って回ります。解約防止というよりは解約抑止に近いといえるでしょう。

Ｚｕｏｒａのサービスは、月額いくらのサブスクリプションよりは年間契約の方が効果が高いといわれています。契約を更新してから10カ月目ぐらいから、「最近使ってる？」といったメールが送られてきます。そのようなメールが増えて、次の更新時期が迫ると「こんなテンプレートもあるけれど知ってた?」「こういうことができる機能もあるから使ってみて」という案内が次々と届きます。「30日間無料延長」といったキャンペーンでつなぎ止めようとすることもあります。

見込み顧客にさまざまな情報を知らせて、購入につなげる手法はナーチャリングといって、昔からあります。企業との接点を作ってできるだけコミュニケーションを取ろうとするわけです。サブスクリプションの場合は、ユーザーに話しかけて継続してもらうナーチャリングといえるでしょう。ただし一方的な話しかけになると、度重なればしつこいと思われてしまいます。

こうした「解約抑止」は、顧客生涯価値を上げるという目的において「Robe」の「解約防止」と共通しています。ただ基本的には一方通行で、チャットボットのように対話をする機会はありません。なぜ使わないのか、どうしてやめようとしているのか、サービスに対してどう思っているのかというユーザーからの声が届かないので、解約理由が把握できません。当然、解約分析もできません。ここが「解約防止」とナーチャリングによる「解約抑止」の大きな違いです。

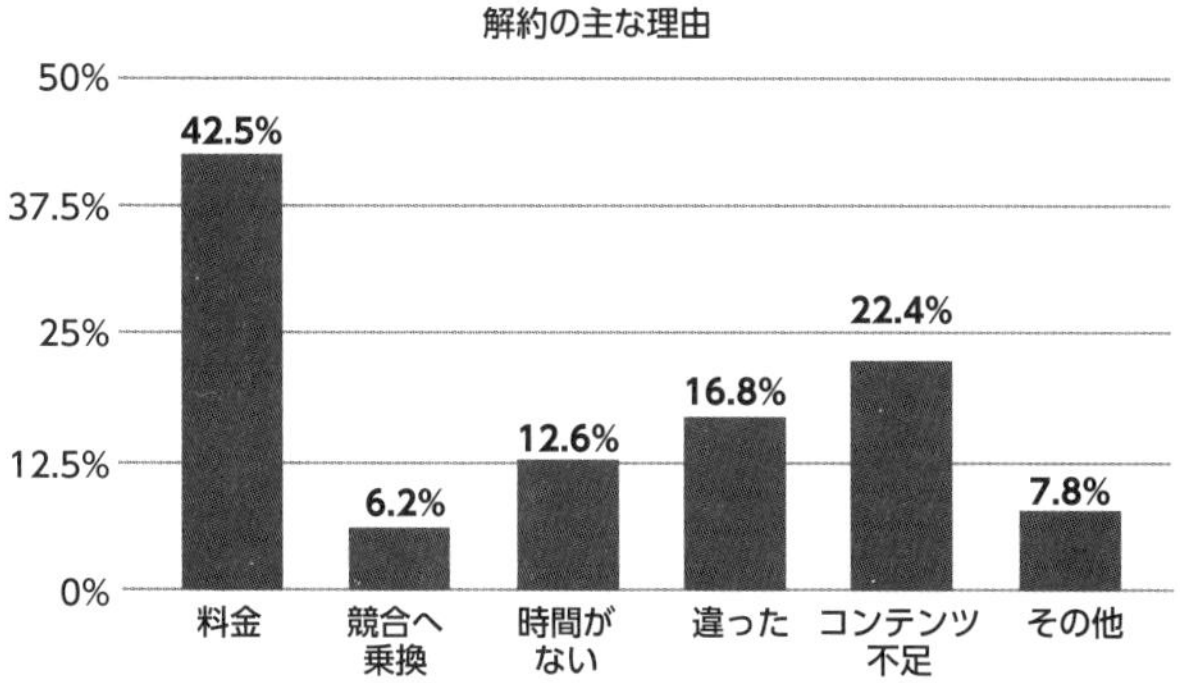

※男女500人にアンケート：今まで解約したサービスは？（複数回答）

●解約の三大理由を把握しているか

当社のアンケートでは、サブスクリプションサービスの解約理由としてユーザーが一番に挙げたのが「料金」で42・5％、「コンテンツ不足」が22・4％、「思っていたのと違った」が16・8％でした。以下「時間がない」12・6％、「競合に乗り換える」6・2％の順です。この調査では動画配信、音楽配信を解約した人が多かったので、おそらく「高い」「見るものがない」「サービスに不満がある」が三大理由です。

解約理由はサービスの内容によって変わります。例えばサプリメントの定期購入サービスは、結婚など新たなライフイベントを機に解約することが多く、ほかには「効果がなかった」「金額が高い」「最初から続ける気がなかった」といった理由が上位に来ます。エステや脱毛だと圧倒的に多いのが金額です。続けるとかなりの出費になるからです。

通販の定期購入では「使い切れない」もしくは「配送のタイミングがよくない」という理由が目立ちます。「頼んだ覚えがない」「なんで今月も届いたのか」という回答も意外に多く、定期購入だと認識していなかったことがうかがえます。説明文が小さい文字だったり、見つけにくいところにあるとこういうことが起きます。初回特典価格で購入した人が2回目からは通常料金になると理解していなかった場合は「こんなに高いとは知らなかった」という声が出てきます。

●解約理由には企業やサービスへの不満が凝縮されている

解約の理由には、企業やサービスが抱えている課題が凝縮されています。

会員がやめていくのをそのままにする会社が多いのですが、少なくとも自社のサービスの解約の三大理由がなにかは知っておくべきです。

私が「どんな競合に乗り換えているか知っていますか？」と質問すると、「たぶんあそこではないか」といった答えが返ってきます。なんとなくそう思っているけれど、調べたわけではないので確信が持てません。これを知りたければやめようとする人に聞くのが一番で、ほかにいい方法は思いつきません。

やめる理由や、やめていく人の行動を把握していないと、それに合わせた対策を取ることはできません。

不良品が出た、異物が入っていた、店でトラブルがあった、モノが届かないといったクレームは大きな声になりがちで、企業まで届きます。それを聞いた企業はすぐに対策を取るでしょう。しかしそれ以外の声なき声は、聞こうとしない限り企業に届きません。

ある大手動画配信企業は動画だけでなく同じ料金で雑誌も見られます。そのことを繰り返し宣伝しているので、当然よく知られているものと企業側は思っていました。ところがチャットボットで知っているかどうかを尋ねてみると、知らないままやめようとしていた人がかなりの割合で見つかりました。会員もサービスについて知らないことが多いということを、企業が知らないという見本のような例です。

企業とユーザーが双方向でコミュニケーションを取らないと、声を上げないユーザーはサイレント・マジョリティになります。それでもサービスについて分かっているはずだと思っている企業は、ユーザーにサービスの詳細な内容を伝えません。伝わらないから使わなかった。そして使わないままにやめていった。このような人たちが、実はこれまでにもたくさんいたかもしれません。

●傾聴し、分析し、防止することが解約をチャンスにする

実際に使ってくれた人が、そのサービスのよさも欠点も一番理解しています。せっかく入会したのに、なぜやめようとしているのか。どこに乗り換えるつもりか。なにが不満だったか。それを聞かずに去っていくのにまかせてしまうのはもったいない話です。企業が気づかないでいることを、サイレント・マジョリティから直接

聞いて吸い上げることが大事です。世の中の一般的な傾向やその他大勢の調査から導いた第三者的なマーケティングデータはこれよりもはるかに精度が低くあてになりません。

解約防止のポイントは、傾聴、分析、防止の3つです。傾聴して情報を得なければ、それを掘り下げて分析することもできず、対策も取れません。

解約しようとするときには、おそらくかなり不満も溜まっているでしょう。チャットボットと対話をすると、その思いを正直に語ってくれる人が少なくありません。こういうときこそが、話を聞く価値があるタイミングです。やめようとしているそのときに、理由を聞き、一つひとつを分析し、対策を取ることが解約防止と自社のサービスの改善につながります。

第4章

解約ページで出迎えるチャットボット「対話」しながら解約理由を分析する

●解約ページでチャットボットが待っている

「リテンションマーケティング by Robee」のチャットボットは、解約希望者とどのようにして会話を交わすのでしょうか。

動画配信サービスや通販サイトの解約ページは、引き出しの奥にある箱の中のようなところによく置かれます。ログインしてIDとパスワードでマイページに入り、その中の会員情報のページから解約のメニューを選んで進み、そこで「本当に解約しますか?」と念を押されて「はい」と答えるとやっと解約までたどり着くといった具合です。チャットボットがいるのはその最後のページで、このまま解約できますがよかったらその前に会話していってくださいと待っています。

解約ボタンを押す前に「Ｒｏｂｅｅ」を起動させるとアイコンが出て、「今までありがとうございました」とチャットボットが話しかけて会話が始まります。続いて「解約しますか？」というチャットボットの問いかけに解約希望者が「はい」か「いいえ」と答え、「はい」と答えたら「もしよろしければ解約の理由を教えてください」と問いかけます。この問いかけに対して「見る時間がない」「端末が対応していない」など用意された選択肢を選んでいきます。

このように、チャットボットのテキストベースの問いかけに対して選択肢から答えることで会話が進んでいきます。時にはテキストで自由記入してもらう回答もあります。その過程でどの質問に対してどの選択肢を選んだかという一人ひとりの遷移が記録されます。そこからどの選択肢を選んだ人が多いか、どういう属性（年齢層、性別、入会期間、視聴ないし購入履歴等々）の人がどんな会話をするかがデータベースとして蓄積されていきます。

チャットボットは、ジャバスクリプトの短いコードを解約ページにコピーするだけで導入できます。その前に会話のシナリオを作っておきます。そのサイトの商品やサービスの内容、ユーザー情報、これまでの解約者数や解約理由などについてヒアリングしてシナリオに反映しながら、法務上やコンプライアンス上問題がある質問をしていないかもチェックします。

なお購入ページやアフィリエイトサイトのランディングページ（ネット広告をクリックすると案内される商品やサービスの紹介ページ）、ヘルプページに置くチャットボットもあります。購入するときや使い方が分からないときに対話するのですが、解約ページに置いたチャットボットはこうしたページよりも利用率が約4倍になるという結果が出ています。チャットボットが相手だと、やめるまでの不平不満を吐き出しやすいのかもしれませんが、そんな不平不満が聞ける機会はなかなかないものです。こうした解約者ないし解約をしようとしていた人たちの声にきちんと向き合えば、企業が自らを見直すための貴重な財産となります。

会話のシナリオは人間が手作りで行う

チャットボットのシナリオは、サイトごとに一つひとつ作ります。「解約しますか?」「はい」という1回の質問と答えを1会話として数えますが、常時シナリオの追加や修正をしているので、解約ページに置いて稼働し始めてからも会話数は増えていきます。場合によっては、同じサイトの中でも別のシナリオを作ります。例えば動画配信サイトで、ｉＰｈｏｎｅだけが使えるアプリがあってそのアプリを使ったかどうかを聞くような場合は、アンドロイドやパソコンで視聴している人にとっては無意味な質問になるので、ｉＰｈｏｎｅ用のシナリオを用意したりします。

シナリオの流れを模式図で表すとすると、質問とそれに対する回答の選択肢の箱があり、回答別に分岐して次の質問に線がつながるようなイメージです。このような模式図をシナリオマップと呼んでいますが、箱の数が１００を超えるようなシナリオになるとかなり複雑なマップが描かれます。

このようなシナリオの台詞や分岐構造をサイト別に一個一個作り込むのは大変な作

業です。ただ組み立てのパターンには大きな違いはありません。まず最初にこれまで利用してもらったことに感謝します。そして「やめるんですか？」と確認します。解約ページに来ている以上、ここで「解約は希望しない」と答える人はゼロでもおかしくないのですが、実際には少数ながらもいます。

　このやめるのかどうかという質問に対する「解約したい」「解約は希望していない」という回答のほかに、「解約しようか悩んでいる」という選択肢をある時期から加えました。するとほぼどのサイトの解約ページでも「解約しようか悩んでいる」を選ぶ人が一定の割合で（動画配信サービスだと５％程度）いることが分かってきました。自分でも、なぜ解約しようとしているかよく分からないけれども解約ページに来ているようなのです。そしてこの人たちは、「解約したい」とはっきり答えた人たちに比べて防止率が非常に高い傾向があります。こんな面白い現象がいろいろと見えてきています。

●シナリオに解約防止のポイントを埋め込む

「解約したい」「解約しようか悩んでいる」と答えた人に対しては、その理由を聞きます。すると「その他」という回答が20％近くを占めます。このように回答率が高い選択肢には、さらに新しい選択肢を用意して、「その他」とはどういうことなのかを詳しく聞いていくことにしました。このように台詞や分岐を増やすことでシナリオが発展し、チャットボットとの会話数が増えます。会話数が多ければいいというものでもないのですが、ある程度までは増やすことで解約防止につながります。

解約理由が「見るものがなかった」であれば「このようなものもありますが、ご覧になりましたか?」と聞いてみたり、「料金が高いから」という人には「こういうわけで実は割安です」と知らせていきます。こうした気づきを与えるシナリオを作り、解約防止ポイントにしていきます。あちらで1人、こちらで2人と継続してくれて、少しずつでもそれが累積していけば1000人、2000人の解約防止になります。

サイトを運営する企業にとっては、解約防止のポイントは売り込みのポイントでもあります。「ここは競合にはないうちの強みだからもっと押していこう」と考えられるからです。あるいは「料金が高いと思われているのは自社のメリットがユーザーに伝わっていないからだ」と気づくきっかけにもなります。

反対に質問や選択肢を減らすこともあります。ある動画配信サービスでは「見たいコンテンツがなくなった」と答えてしまうと解約を防止しにくくなることが分かり、この選択肢を外しました。分かりやすくいえば、言い返すことができない選択肢はなるべく残さないということです。このような選択肢がなくなって解約防止率が上がったという実績も出ています。どこでどう答えた人が解約したか、しなかったかという数字はすべて記録され、そのデータが増えるにつれて解約防止のノウハウも蓄積されます。

チャットボットとの会話を途中でやめたときは「離脱」として扱います。離脱すると解約につながりやすく、その先のデータも取れなくなります。選択肢に自分が思ったことがないとそこで会話をやめたくなる傾向が強いので、多くの人が該当すると思うような回答を用意します。料金に不満があるのに、解約する理由の選択肢に

「料金」がないと、返事ができなくなり、そこで面倒くさくなって離脱してしまいます。ですから基本的に「料金」という選択肢を作り、「料金」と回答した人にはさらに「いくらなら妥当かと思いますか?」と聞きます。その金額も選択肢をいくつか用意して「これぐらいかな」と選べるようにしておきます。

解約理由を聞いてみると、サービスの内容をよく知らなかったり、勘違いしていたというケースが意外と多いことが分かりました。ですからサービスの内容や機能に不満を持っていて解約しようとしていた場合は、不満を探り出すことで「こんなことができます」と案内したり、誤解を解くことができます。すると解約を考え直してもらえる可能性が高くなります。

このようなシナリオ分析と修正には、人間の経験や知恵が必要です。大量のデータを機械的に集めることができても、ユーザーの心理や行動をよく理解してそのデータを活用できるのは人間です。どれだけ解約防止ができるかは、結局はシナリオライターや分析担当者のセンスと想像力にかかってきます。

●チャットボットはこんなふうに語りかける

チャットボットは解約理由を聞き、それに対して「その不具合はもう直っています」とか「こうすれば動画が見られるようになります」「来週からこんな番組が始まります」などとさまざまなことを教えます。サイト全体のデータベースともつながっているので、家族会員がいる場合には「奥さんがまだドラマを見ています」「娘さんも見ています」といったことを知らせて「それでも解約しますか」と尋ねます。このようなチャットボットの切り返しは、解約を考え直す十分な理由になります。

また同じ理由で解約しようとしていて結局継続することにした人の記事を集めたページを用意して、「ほかの人がどんなふうに使っているか、見てみますか？」とそのページに誘導するシナリオもあります。そのページでは、ドラマや映画で英語の勉強をしている、家事をしているときに子供に見せている、ダウンロードして飛行機で移動中に見ているといった例を紹介しています。「そういう使い方もあったか」と気づき、解約を考え直してくれるかもしれません。

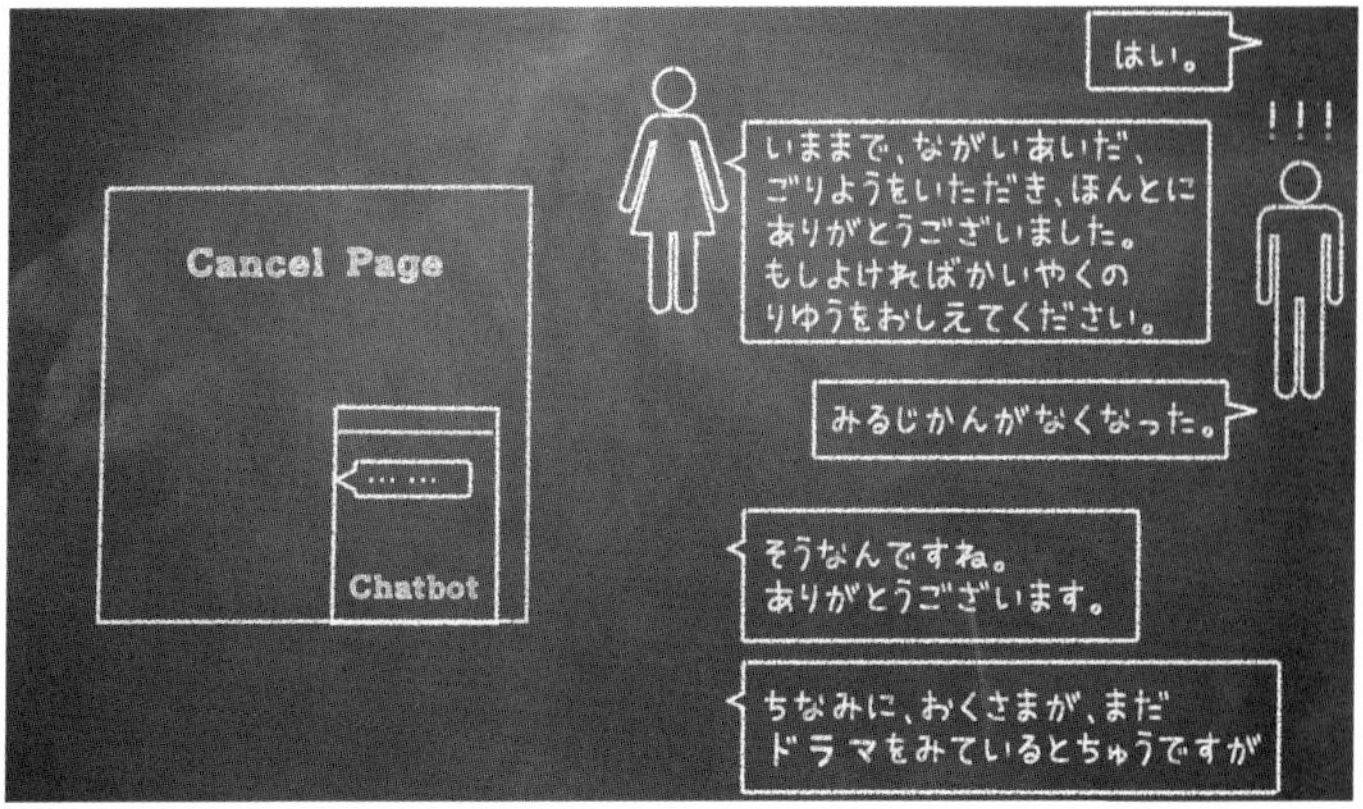

どう説得してもたぶん解約するだろうと事前に見当がついている場合もあります。そんな人が解約ページに来た場合は、あえてチャットボットを出さないという処理もします。無理に引き止めようとすると戻ってこなくなるけれども、放っておくとまた入会するかもしれないという人がいて、これは入会や退会を繰り返しているといった顧客データから判断します。

このようにチャットボットを導入したことで、解約を防ぐことができるさまざまなノウハウが得られます。

◆チャットボットとの対話例

1．今までご利用ありがとうございました。

2．ご解約をご希望ですか？

A．解約したい。　B．解約は希望しない

C．解約しようか悩んでいる

> **Cの場合**
> 「解約しようか悩んでいる」人には、サービスの魅力や最新のアップデートを伝えるなどして、解約の気持ちを和らげます。
> 悩んでいるユーザーは、「解約したい」と答えたユーザーの 10 倍の解約を防止できるという結果が出ています。

Aの場合

3．そうなんですね、ちなみに解約の理由をよかったら教えてください。

A．利用する時間がなくなってしまった

B．他社のサービスを利用することにした

C．料金が高いと感じてしまう

D．最初から長く続けるつもりはなかった

E．しかたなく解約する

F．その他

Eの場合

4．しかたなくとは、どうしてですか？

A．結婚する　B．仕事が忙しくなった　C．体調が悪くなった

D．家族に変化があった　E．引越　F．その他

Aの場合

結婚されるんですね、おめでとうございます。

また、ご結婚生活が落ち着いたら、いつでも戻ってきてくださいね！

⬇

解約処理へ

解約を踏みとどまる典型的な例

サービスをよく利用する人よりも、使っていない人の方が解約リスクが高いのは当然ですが、使っていない理由を調べると、サービスのことをよく知らなかったということがチャットボットとの会話から見えてきました。具体的には、ほかにも使えるサービスや機能がある、動画が見られないと思っていたが簡単な処理で見られるようになるというケースが目立ちます。

このようにユーザーが知らなかったことを教えることが、解約することをやめる理由の3割を占めています。ユーザーが本来知っているはずのことを知らないというのは、サービスを提供している企業にとっては意外な盲点です。さきほどの例のように、自分は見ないが家族はよく見ていて、そのことを知らなかった場合も、それなら続けようかと思うきっかけになります。

解約の理由を尋ねる設問で、回答の選択肢に「しかたなく解約する」があることに気づいたでしょうか。「しかたなく」というのは、サービスそのものには不満はないけれども、ほかの事情でやめようとしているのではないかと推測できます。そこでさらに「しかたなくとは、どうしてですか？」と尋ねて「結婚」「仕事」「引越」といった選択肢からそれぞれの事情を聞き出します。

結婚すると分かったら「おめでとうございます」と祝福し、体調がよくない人には「落ち着いたらまた検討してください」とメッセージを送っています。こうするだけでも解約を思いとどまってくれる人が１割程度います。ユーザーとコミュニケーションを取ると効果があることが、ここから見て取れます。解約してからもカスタマー・リレーションシップを維持するためにも、これは重要なことです。

●「ＡＩ＋シナリオ」で自然な会話に

会話ロボットのチャットボットは、一般的にＡＩで自然言語処理（ＮＬＰ）やＮＬＵ（自然言語理解）、自然言語生成（ＮＬＧ）といった処理をしています。これによって相手が話す言葉を理解して返事をする言葉を自動的に作り出すのですが、「Ｒ ｏｂｅｅ」のチャットボットは言葉を自動生成するのではなく、あらかじめ人間が書いた台詞によって会話をしていきます。このような「ＡＩ＋シナリオ」型にしたのは、いかに人間がしている会話に近づけるかを追求した結果で、このチャットボットの大きな特徴です。

一般的なチャットボットで使われるのはグーグルやマイクロソフト、ＩＢＭが作ったＡＩエンジンです。これらのＡＩエンジンは英語による自然言語処理がベースとなっていて、プログラミングも英語でされているので日本語の台詞にすると不自然になりがちです。

ＡＩを使った日本語のテキストの自動読み上げも、英語がベースになっていることが多く、イントネーションがおかしかったりします。エフエム和歌山ではアマゾンポリーというツールを使って、ＡＩアナウンサー「ナナコ」がニュースを読み上げています。ニュースの中身は十分に伝わるので実用上の問題はないのですが、おそらくほとんどの人は人間ではなくロボットがしゃべっていると分かります。現状では英語圏のＡＩの技術がかなり先を行っているのでやむを得ませんが、日本語をベースにした開発が進めばもっと自然な反応をするＡＩができてくるでしょう。

また「彼が来るまで待つ」と「彼が車で待つ」のように発音が同じでも意味が異なる場合を、ＡＩにどう理解させるか考えなければなりません。こういった理由から「Ｒｏｂｅｅ」では台詞をＡＩに任せずに人間がシナリオを作っているのです。質問と回答の選択肢の文は、その都度自動生成するのではなく、あらかじめ用意してあります。一方ではＲａｓａというＡＩで自然表現処理（ＮＥＰ）をして、応答の時間を微妙にコントロールして自然な会話に近づけています。

シナリオをベースにしたチャットボットの最大の利点は、不自然な日本語にならないことです。決められたレールの上を走るようなものですから自然言語処理のような柔軟さはないかもしれません。それを圧倒的なシナリオ量でカバーしています。

もし会話の途中で不自然さを感じたら、そこでチャットボットを使うのをやめてしまうおそれがあります。ストレスを感じることなくできるだけ長く会話を続けてもらうことが、解約防止にも、解約分析をするためのデータを多く集めるためにも必要です。そのためにシナリオの台詞や構成を専任のライターが考え、ＡＩは自然な対応の演出やデータの分析で活躍しています。自動生成した言葉と違って定型文なので、会話データの集計や分析もやりやすくなっています。

●まるで人と話しているように演出する

チャットボットが使われているサイトは増えているので、使ってみた人もいるでしょう。なかにはメッセージがどんどん出てきて、一度に読めないので前に戻らなければならないチャットボットもあります。

「Ｒｏｂｅｅ」のチャットボットは、もしかしたら今向こう側で打っているのかなと思えるぐらいのタイミングで、一回一回ていねいに会話を返しています。人間とやりとりする感覚に近づけながら、実際に打つ速さよりは少し速くして待たされる感じがしないようにしています。

文章の内容によっても反応時間を変えます。うれしいことはすぐに、困ったことはちょっと間を空けて答えています。「解約しない」と返事をすると「ありがとうございます！」という文が素早く出てくるし、「解約する」だとやや間を置いて「分かりました」と返事して残念な気持ちを演出しています。文章がうれしい内容か悲しい内容かをＡＩに教えているので、こうした反応時間の調整は自動的に行っています。

チャットボットのアイコンの表情も、少しずつ変えたりしています。ユーザーの心理に合わせたこのような細かい配慮の積み重ねは、会話の途中で生じる違和感をなくし、解約防止率の向上につながります。

アメリカのテンプル大学で、チャットボットを使った面白い実験が行われました。若い営業担当者とチャットボットが、同じ内容のやりとりをして成績を競うと、チャットボットの売上は人間の4倍でした。ベテランの営業担当者はチャットボットと同じぐらい売りました。この段階ではチャットボットが相手をしていることは、実験に参加した人には知らされていません。

ところが最初からロボットが相手だと教えてしまうと、教えなかった場合に比べて売上が約80%ダウンと激減してしまい、会話時間も減りました。人間らしさが感じられることがいかに大事であるかが分かる結果です。チャットボットであることを黙って対話してもらって、「相手は人間だと思いますか？　ロボットだと思いますか？」という実験をしてみても、興味深い結果が得られるかもしれません。

●人間と違って24時間稼働する

チャットボットはロボットなので、24時間３６５日休まず働き続けます。今稼働している当社のチャットボットでは、解約希望者との接触回数が多いのは夜7時以降から夜中までで、10時ごろがピークになります。それに対して昼間は比較的少なく、お昼休みの12時台に増える程度です。曜日別では金曜日、土曜日が多くなります。

一方、電話を使っているコールセンターは、受付時間が平日の朝9時から夜6時というところが多くなっています。ですからコールセンターが稼働していない時間にチャットボットを使えば互いをカバーすることができます。

今の若い世代は知らない相手と電話するのが苦手という人が多いようなので、チャットボットと対話する方が気が楽かもしれません。逆に年齢が上がるとチャットボットのようなものは使わなくなると思われるかもしれませんが、実際には40代、50代のチャットボット利用者が多くなっています。また場合によってはチャットボットから電話につなぐようにすることもできます。

テキストベースだけでなく音声でも自動対話ができるようになれば、コールセンターでも人からロボットに切り換えられるかもしれません。現状では電話が来ても来なくても何人かのオペレーターが常駐しなければなりません。それにクレーム対応になると精神的な負担も大きいはずです。そういう業務はロボットに任せてしまえばいいし、人件費も抑えられます。

●コールセンターのベテランから学ぶことは多い

「Robee」のチャットボットも、まだ喜怒哀楽の表現が十分ではありません。そこでコールセンターのベテランオペレーターの対応を参考にしています。チャットボットのシナリオがいかに複雑でも、ベテランのオペレーターの頭の中に詰まっているノウハウにはかないません。

今チャットボットの会話のパターンを分析して、ユーザーが悩んでいるときや喜んでいるときにはどんな会話の流れになっているかを探っています。今怒っているみたいだから丁寧な言い方に変えようというふうに、臨機応変に対応するためです。長年の経験を持つオペレーターは、自然にそういう対応をしています。それをチャットボットのＡＩに教えれば、ＡＩが適切な台詞を臨機応変に選ぶようになります。

電話で営業をしているコールセンターのオペレーターの方に話を聞く機会がありましたが、買ってくれそうな相手かどうかは最初の30秒で分かるということでした。声や話しぶり、雰囲気からなんとなく感じるそうです。また話をしていると相手が急に乗ってくるタイミングがあり、そのときにした質問は「ホットボタン」と呼ばれています。ある程度話が進んで可能性があると思った相手には、「ぜひ一度試してみてください」というクロージングトークを必ずするということで、そのタイミングも見極めています。

このようなノウハウは感覚的なもののように思われがちですが、きちんと分析してデジタル化すればチャットボットにも応用できるはずです。コールセンターで働く人は日本に200万人いるといいますが、電話を使う人が減ってコールセンターがなくならないうちに形にして残していきたいと考えています。

人間同士がコミュニケーションを取るときには、常に相手の思っていることや心理状態を推察しています。そこでは直感が大きな役目を果たしています。デジタルデータを大量に収集すればチャットボットが直感力を持ち、「ホットボタン」を認知したり重要な話をするタイミングを見極めることも可能になるのではないでしょうか。

●解約の理由を分析する

ここまで解約防止を中心に話を進めてきましたが、チャットボットから得られた大量の会話データの分析結果もサイトを運用する企業にフィードバックしています。その主な分析手法は次のようなものです。

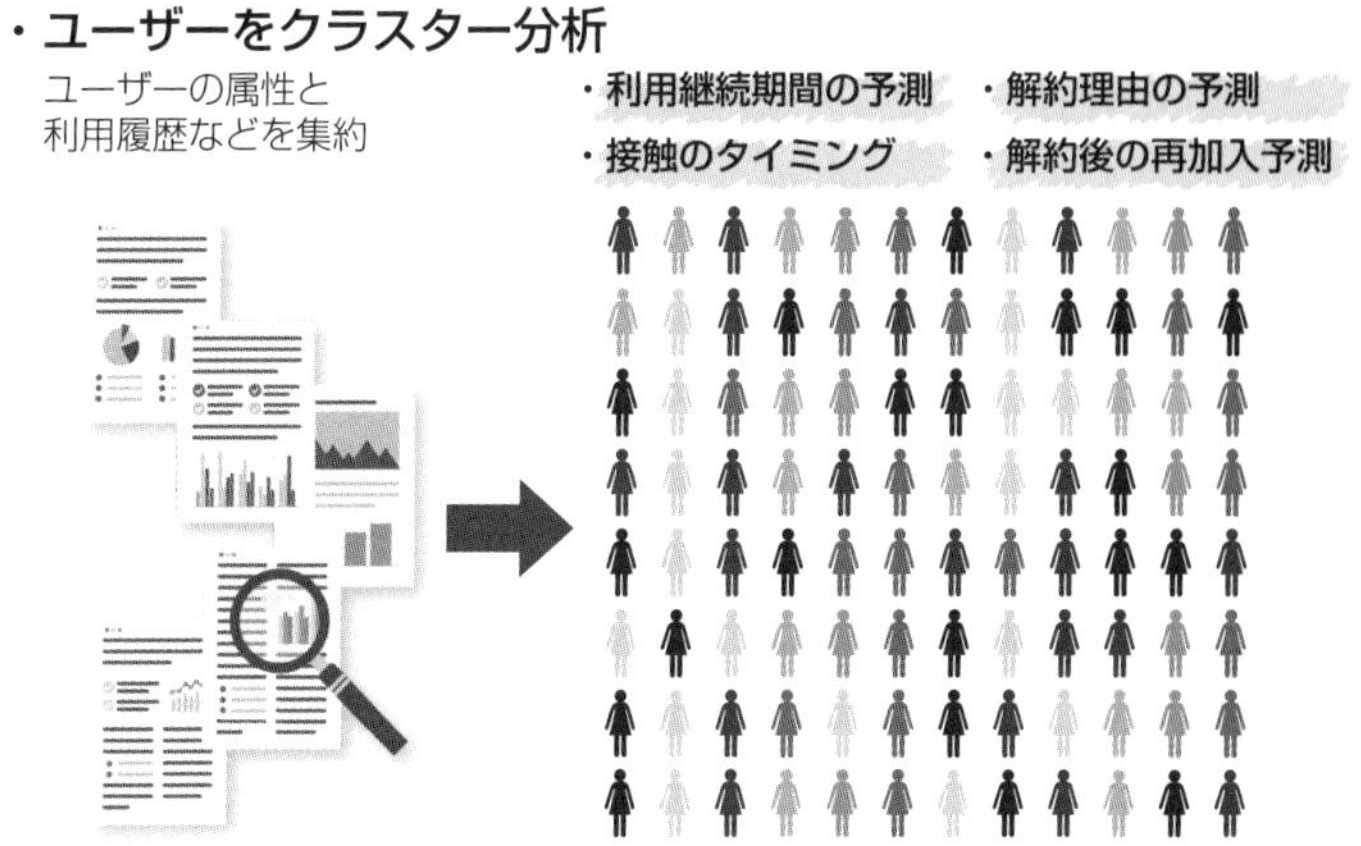

◇クラスター分析

サービスをよく使うのか、たまに使うのか、どのようにして入会してきたかといったユーザーの属性別にカテゴリー分けをして、そのカテゴリーの性質と解約との因果関係を見つけます。例えば長く利用していない休眠ユーザーがやめやすいという傾向がはっきりすれば、休眠ユーザー向けにシナリオを作ったり修正したりすることで解約を防止できるという仮説が成り立ちます。

ほかにも、どんなキャンペーンや広告で入会すると解約されやすいか、週末のみ利用する人にはどういう傾向があるか、最初に見たコンテンツと解約は関係があるか、決まったコンテンツを見る人はどうなのかなど、さまざまな属性について追跡調査をしています。

◇コホート分析

コホートはマーケティング用語で同じ属性を持つ集団のことです。例えば女性で独身、居住地は関東、年収はいくらという属性が共通する人を小集団としてとらえ、小集団ごとにサービスの利用期間、解約理由、再加入する可能性との関係や、どんな広告やプロモーションが有効かを分析します。

大規模なプロモーションをしても、100万人が見て入会したのが1000人で、そのうち100人しか継続しないかもしれません。それよりも共通する属性を持つ小集団に合ったきめ細かなプロモーションをすることがコホート分析の狙いです。ある小集団に効果的な広告で、100人入会してそのうち70人が残るかもしれません。そういう小集団がいくつもあって、合計すると何百人、何千人の継続会員を獲得できる

解約防止におけるコホート分析

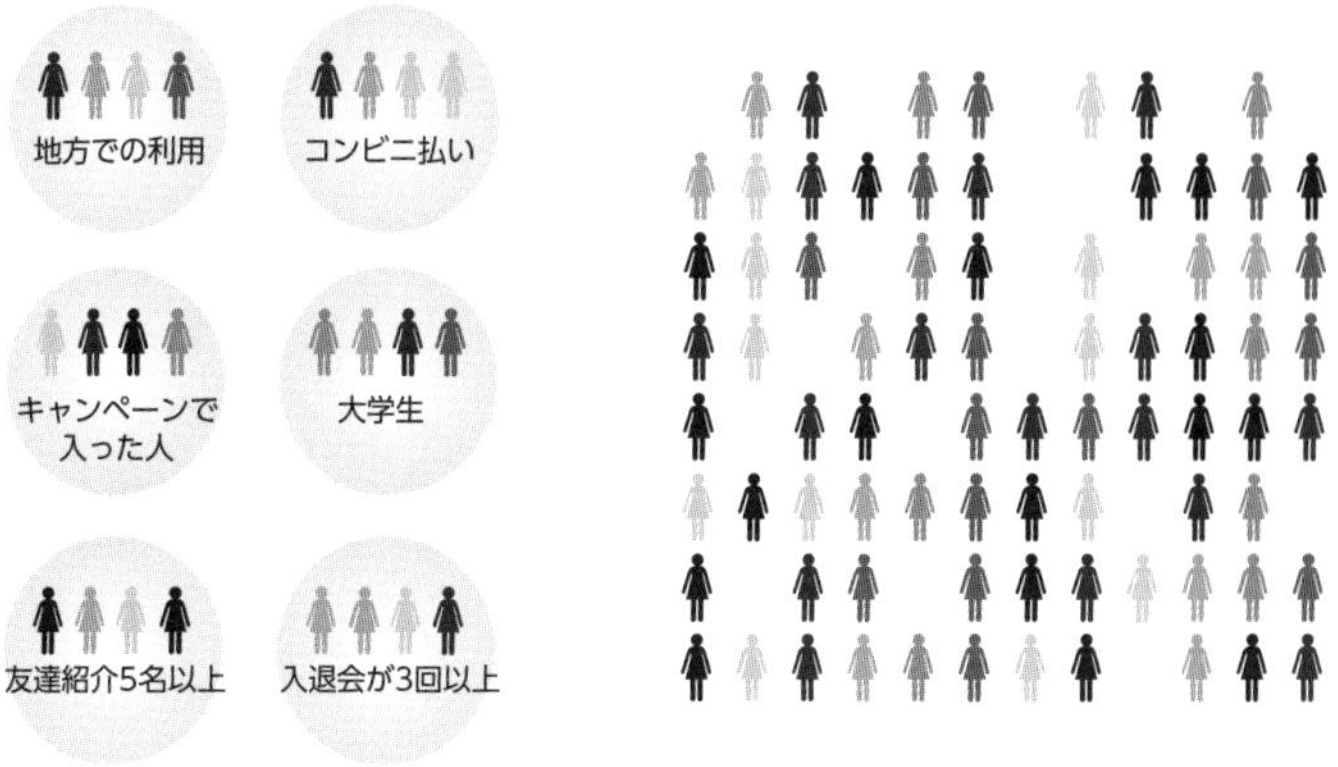

ならマスプロモーションよりもはるかに効率がよくなるという考え方です。やみくもに大量の広告を打つのではなく、スモールマーケットに分けて実のあるターゲティングができるのが、コホート分析の面白いところです。

◇チャーンイン／チャーンアウト分析

チャーンは「移動」「変遷」という意味です。マーケティングの分野でもまだあまりなじみがない言葉ですが、例えば「ソフトバンクからチャーンアウトしてａｕにチャーンインした」というように使います。

ここでは自社サービスを解約してどこに移っ

チャーンイン／チャーンアウト分析

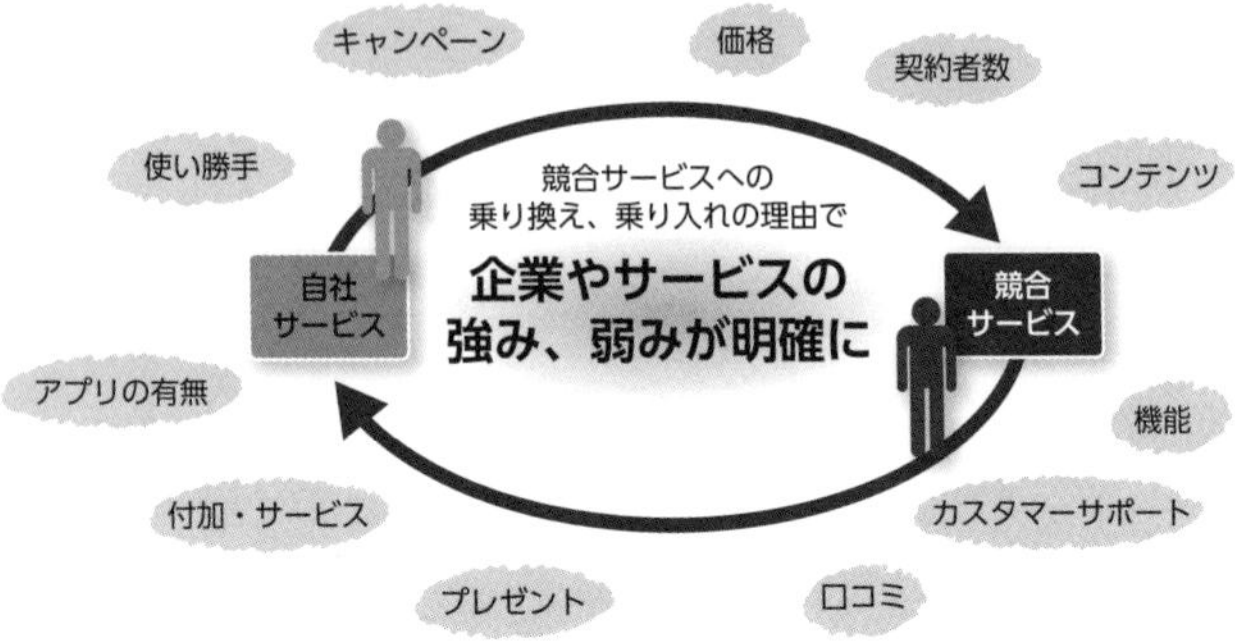

たのかを調べています。調べ方は単純で、チャットボットで解約希望者に尋ねるだけです。すると動画配信サービスなら自社をやめてなにを見ることにしているか、ネットフリックス、アマゾンプライム、フールー、ｄアニメストアなのか、あるいはその複数かを多くの人がちゃんと教えてくれます。

　アマゾンプライムに行くと答えた人が多ければ、アマゾンプライムにあって自社にはない魅力が理由で解約につながっていると考えられます。一方でフールーに行く人が少ないなら、フールーにはなくて自社にあるなにかが強みになっているはずです。それは価格なのか機能なのか、コンテンツか使い勝手か、あるいはカスタマーサポート、広告やキャンペーン、口コミ、付加サービスなのか。それらのどこかに自社と他社の違いがあるはずです。チャーンイン／チャーンアウト分析では、なにが自社の強みでありなにが弱点となっているかが明確になります。

◇シナリオ分析

質問に対してどの選択肢を選んだか、またその選択肢を選んだ人のうち何人が解約をやめたかなど、シナリオに対する反応のデータが蓄積されています。そこから、例えば「画質が悪かった」と答えるとほとんどやめてしまうが、「その他」と答えると5％が継続しているといった具合に、解約理由と解約防止の因果関係が見えてきます。画質が悪いからやめたいと思っている人には解約防止効果があまり期待できないのに対して、その他と答えた人には可能性があるので、その先に続くシナリオを変えてみます。そしてシナリオを変えたことで数字がどう変化したかをさらに見ていきます。

シナリオ分析

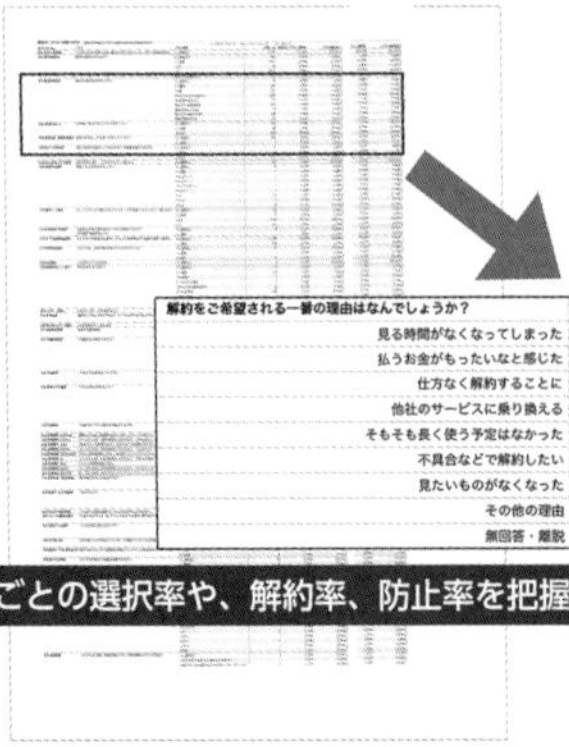

解約をご希望される一番の理由はなんでしょうか？	回答数	選択率	防止者数	解約者数	解約防止率	前月比
見る時間がなくなってしまった	654	27.04%	54	600	8.26%	+0.33%
払うお金がもったいないと感じた	311	12.86%	10	301	3.22%	+0.02%
仕方なく解約することに	123	5.08%	39	84	31.71%	-0.17%
他社のサービスに乗り換える	878	36.30%	34	844	3.87%	+0.76%
そもそも長く使う予定はなかった	71	2.94%	6	65	8.45%	-0.42%
不具合などで解約したい	45	1.86%	7	38	15.56%	+0.89%
見たいものがなくなった	198	8.19%	26	172	13.13%	-0.07%
その他の理由	139	5.75%	45	94	32.37%	+0.02%
無回答・離脱	344	14.22%	2	342	0.58%	+0.03%

会話の回答ごとの選択率や、解約率、防止率を把握することでサービスの課題を浮き彫りに

これらの分析から見えてきた結果は、チャットボットのシナリオや使い勝手の改善はもちろん、広告戦略などに活かしていくことができます。

●やめようとしているのに書き込みもしてくれる

解約ページに置いたチャットボットの月単位の解約防止率が、11・69％、13・0％と10％を超えることは珍しくありません。さらにチャットボットの会話で解約をやめた人は、その後も95％以上が会員を継続しているという数字も出ています。

解約防止率は入会期間が長いロイヤリティユーザーほど高く、ある動画配信サイトでは1年以上のユーザーの解約防止率が約15%に達する一方で、1カ月未満では9%になりました。別の例では、1年以上のユーザーの解約防止率は平均よりも7%以上高くなっています。1カ月未満の人を1カ月以上に持っていけるかどうか、また1年未満の人をどうやって顧客生涯価値が高い1年以上の会員にできるかが、取り組むべき課題であることが分かります。

解約ページでのチャットボットとの接触率は60%近くあります。解約ページに来た人の半数以上が、使ってみる気になったということです。サポートページに置いたチャットボットと比べると接触率が4倍だったことから、解約防止とチャットボットは親和性があることがうかがえます。しかも解約ページのチャットボットで得た情報量は、それ以前にアンケートから得ていた情報の18・9倍と一気に増えています。

また前述したように、解約を希望するか尋ねて「解約しようか悩んでいる」という人が5%程度存在します。この人たちの解約防止率は他の選択肢を選んだ人の10倍です。

自由記述の回答率の高さも目立ちます。サービスの改善や要望に関する設問に対しては38％が、コンテンツへの要望を尋ねた設問では74％がわざわざテキストで回答を書き込んでくれました。アンケートと比べて対話形式は声が集まりやすく、しかもより具体的な話を聞くことができます。

サイトを運営する会社も、チャットボットでこれだけ声が集まるとは予想していませんでした。特にチャーンイン／チャーンアウト分析で見たように、どのライバルに移っていくかを明確に知ることができる調査方法はほかに見つかりません。

ツイッターとかインスタグラム、フェイスブック、ラインといったＳＮＳが普及し、多くの人たちが日常的にネットでテキストをアップしています。口コミサイトやＥＣサイトへの書き込みもするのが当たり前になりました。自分が発信することで影響を与えられるという気持ちもあるのでしょう。テキストによる会話のやりとりの方が、むしろフェイス・ツー・フェイスや電話よりも気を遣わないのかもしれません。

そうした世の中の変化がチャットボットによる解約防止や解約分析を支えています。しかもチャットボットの記録はＳＮＳと違って世の中には出ないので、安心して使えるという面もあるでしょう。

このようにチャットボットとの1対1の対話のデータから、これまで見えなかったものが見えてきました。それを今後の事業戦略に活かしていくことができます。

第5章では、実際に解約ページにチャットボットを導入した事例から、なにが見えてきたかを紹介します。

第5章

対話を続けて解約防止！
分析した理由をもとに解約希望者を引き留める

●チャットボットを解約ページに置いた動画配信サービス

「リテンションマーケティング ｂｙ Ｒｏｂｅｅ」のチャットボットが比較的早い時期に置かれたのは、動画配信サイトのバンダイチャンネルです。

バンダイチャンネルは２０１１年８月に定額配信サービスを始めたアニメの専門チャンネルで、月額料金は１０００円（税別、以下同じ）です。日本でまだサブスクリプションという言葉が使われていなかった時期にスタートした月額会員向け動画見放題の先駆的な存在です。当然ながらアニメ作品の品揃えが充実していて、ほかでは見られないコンテンツを数多く持っています。

その後、フジテレビジョンが運営する動画配信サービス、ＦＯＤ（フジテレビオンデマンド）プレミアムの解約ページにもチャットボットが登場しました。ＦＯＤはフジテレビの黄金期に制作された数々のドラマのアーカイブが大きな強みで、40代から50代の根強いファン層を持っています。月額８８８円で、電子書籍フォーマットで雑誌も読むことができます。

定額動画配信はサブスクリプションの中でも近年発展が著しい分野で、日本発のサービスではバンダイチャンネル、ＦＯＤのほかにＵＳＥＮグループのユーネクスト、ＴＢＳ系のパラビ、ＮＴＴドコモ系のｄアニメストアなどが挙げられます。ユーネクストは映画の新作やドラマのコンテンツが多く、雑誌のほかにアダルト向けコンテンツも見ることができ、月額料金が１９９０円と高い理由はそこにあります。

日本発の動画配信サービスは和製コンテンツが中心ですが、海外発のアマゾンプライムビデオやネットフリックスは外国製のコンテンツが豊富です。

ネットフリックスは世界１９０カ国以上に展開し、版権を購入した映画やドラマだけでなく、自社制作のオリジナルコンテンツも多様な品揃えを持っています。しかもＡＩなどデジタル技術による自動化やデータ解析が進んでいるのが大きな特長です。アメリカの本社で言語別の翻訳字幕や動画紹介ページのサムネイルを制作していますが、どのシーンをサムネイルに使うとそれぞれの地域でよく見られるようになるかをＡＩが自動的に判断して選んでいます。国ごとに文化が異なり公開できないようなシーンもあります。そのシーンもまちまちですが、ビッグデータをもとにして自動的に削除しています。さらに全ユーザーの視聴状況のデータを取り、解析して番組編成やコンテンツ制作に活かしています。これに比べると日本の動画配信会社ではデータ解析や活用はまだ始まったばかりといえます。

フールーはもともとアメリカでスタートした配信サービスで、日本市場で赤字が続いたので日本テレビの関連会社が買い取って国内では展開しています。『ウォーキング・デッド』や『24』などほかにはない海外ドラマのヒット作が見られます。

アマゾンプライムビデオは映画、ドラマの名作が中心で、月額料金455円という安さが武器になっています。

会員規模は、調査会社の発表ではネットフリックスが世界に1億3900万人の有料会員を有し、アマゾンプライムが1億1000万人を超えたといいます。国内市場の数字は明らかにされていませんが、大手配信サービスが200万人から300万人程度の会員規模で、スポーツやアニメなどの専門チャンネルは数十万人というところのようです。

●会員増加に転じたバンダイチャンネル

バンダイチャンネルの解約ページにチャットボットが置かれたのは2019年8月です。それまで入会者の4分の1が1カ月以内にやめていき、販促とともに解約防止が検討課題に挙がっていました。事前アンケートを取ったり継続してもらうためのインセンティブを付けたりしてはどうかという案が出ましたが、これといった解決策にならず、なぜやめるのか、ユーザーは何を求めているのかをヒアリングしてみようということでチャットボットの導入が決まりました。

事前の調査では、利用料金への不満が多いということが分かっていました。月額1000円はアマゾンプライムビデオの2倍以上で、ほかの動画コンテンツサービスと比べても確かに高い部類に入ります。

チャットボットの最初のシナリオでは、解約の理由を聞くときにあえて月額料金には触れていませんでした。「高いから」と言われると反論できないという理由でしたが、途中から臭いものに蓋をせずに回答の選択肢に「高いから」を入れました。

さらに「いくらならいいと思いますか？」とも尋ねてみました。一番安い選択肢の「３００円以下」という答えに集中するという予想だったのですが、蓋を開けてみると一番多かったのは「５００円以下」で、続いて「３００円以下」と「８００円以下」が同じでした。「安い方がいいに決まっているじゃないか」といった単純な反応ではなかったのです。

さらに、バンダイチャンネルはなぜ月額１０００円という料金になっているかをチャットボットが説明するシナリオを加えました。

一般的に消費者は「どうせ企業はいいことしか言わないだろう」と思っています。マイナス要因になりそうなことでもあえてオープンにすると、納得できる理由であれば多くの人は受け入れてくれます。理由をきちんと説明すればむしろ解約防止につながりそうだという傾向が分かりました。

ほかに解約したい理由として「アプリが使いにくい」という回答も多くありました。動画が止まってしまう、見づらい、使いにくいというのです。アプリを作り直して改善することでこうした不満の声はほぼなくなりました。

視聴している端末の側の問題で不具合が発生することもあります。iPhoneやiPadでは、iOSをアップデートすると前のバージョンに対応していたアプリでは見られなくなる場合があります。またアプリが最新バージョンに対応しているけれど、OSを更新していないので見られないといったことも起きます。これらはユーザー側で解決する問題ですが、原因が分からなければ動画を配信している方のせいだと勘違いしてしまいます。これについても最新バージョンにアップデートすることで見られるようになると、チャットボットでも伝えるようにしました。

このように、解約しようとした理由は別々でも、一人ひとりの声を追いかけて問題に対応すると、その積み上げで解約防止数を増やしていくことができます。またサービスを提供している企業も、こういう人がこれだけいるという現実が見えてきます。理想をいえば、こうしたウイークポイントを一つひとつなくしていけば解約する人がいなくなるはずです。

チャットボットの導入当初は、解約ページに来た人のうち3～4％程度に考え直してもらえるのではというのがバンダイチャンネルの見方でした。それが導入した月には10・５％が解約をやめて、２カ月目には解約防止率が一気に11・６％まで上がりました。短期間で10％を超えるのは予想外で、その後も９〜10％で解約防止率を継続しています。

２０２０年1月は解約希望者が多く、解約防止率は９・９％となりましたが、解約を防止した人数は増えています。

入ってきてはやめていくという繰り返しで会員数は現状維持が長く続いていましたが、チャットボットを入れてからは他の施策の効果と相まって、純増傾向になっています。解約をやめた人のその後の継続率を見ると、95・３％と非常に高い割合です。一度解約防止ができたユーザーは長く使い続けてくれることが期待できます。

●解約ページまで来ても、まだ「解約するか悩んでいる」人が結構いる

一般的なアンケートでは、「解約を希望しますか?」と聞くとき、回答の選択肢は普通「はい」か「いいえ」のどちらかです。バンダイチャンネルのチャットボットで

は、それに「解約するかどうか悩んでいる」という選択肢も加えています。すると毎月決まって５％程度の人たちが「悩んでいる」ことが分かりました。この現象は、チャットボットを使ったほかのサブスクリプションサービスの結果を見てもほぼ共通しています。

解約ページまでにはそれなりの段階を経て来ているのですが、それでもまだ悩んでいる人が一定数存在することには、バンダイチャンネルも気づいていませんでした。サブスクリプションサービスを解約することに抵抗感がなくなっていることの表れかもしれませんが、原因はともかくとして、なんとなくやめようとする人が潜んでいたことがチャットボットで「見える化」されました。

この「解約するかどうか悩んでいる」人は、次のシナリオで解約を防止するための会話へと進みます。するとそれ以外の人と比べて解約防止率が10倍になりました。「はい」と答えた人の95％は最終的にやめていきますが、悩んでいる人は40％以上が会員にとどまりました。やめようという強い意思があるわけではないため、チャットボットとの会話を経て「やっぱり続けようか」と思い直したのではと推測できます。

また解約する理由を尋ねる質問に対しては、「コンテンツがなくなった」「見る時間がなくなった」「端末が対応しない」「金額」「その他」といった回答の中で「その他」を選ぶ人が、これまた毎月ほぼ10％程度います。この「その他」を選んだ人たちの解約防止率は、ほかの解約希望者の5倍以上です。「その他」と答えた人に「その他とはどういうことですか？」とさらに尋ねると、その中には解約理由がはっきり分かっていない人が含まれています。

おそらく「解約するかどうか悩んでいる」と答えたような人たちは、これまでは悩んでいることを打ち明けることなくそのままやめていっていたのでしょう。そういう解約者が毎月いたのは「目から鱗だった」とバンダイチャンネルの担当の方も驚いていました。そして理由が明確でないほど解約を阻止しやすいことも分かってきました。こういう事実を知ると企業側も認識を改めることができます。

チャットボットと会話を続けることで、利用していたサービスにまだ後ろ髪を引かれている様子が見えてきました。

●会話を重ねるといったんは解約防止数が増えるが

バンダイチャンネルでチャットボットと会話を始めた人は、平均7・6回会話をしています。やめようとして解約ページに来たけれど、話し出すとまだ言い足りなかったということでしょうか。チャットボットを導入する前の解約時のアンケートの回答と比べて、得られた情報量は大幅に増えました。

会話が進むと解約希望者の頭の中が整理されていき、企業側は詳しくデータが取れます。結果的に解約してしまっても得られる情報量が増えるので、基本的にはより長く話してもらえるシナリオが望ましいといえます。質問数が多いと会話数が増える傾向にあり、回答の選択肢の中に「これだ」と思えるものがないと会話をやめやすいので、質問も選択肢も数を用意します。

会話が進むと解約防止数はいったん増えていきますが、ある程度まで会話をすると防止できなくなり今度は減っていきます。このような会話をやりとりする回数と解約防止数の関係をグラフにすると、解約防止数が上がってから一度下がり、再び上がっ

チャットボットの会話深度と解約防止数の相対関係

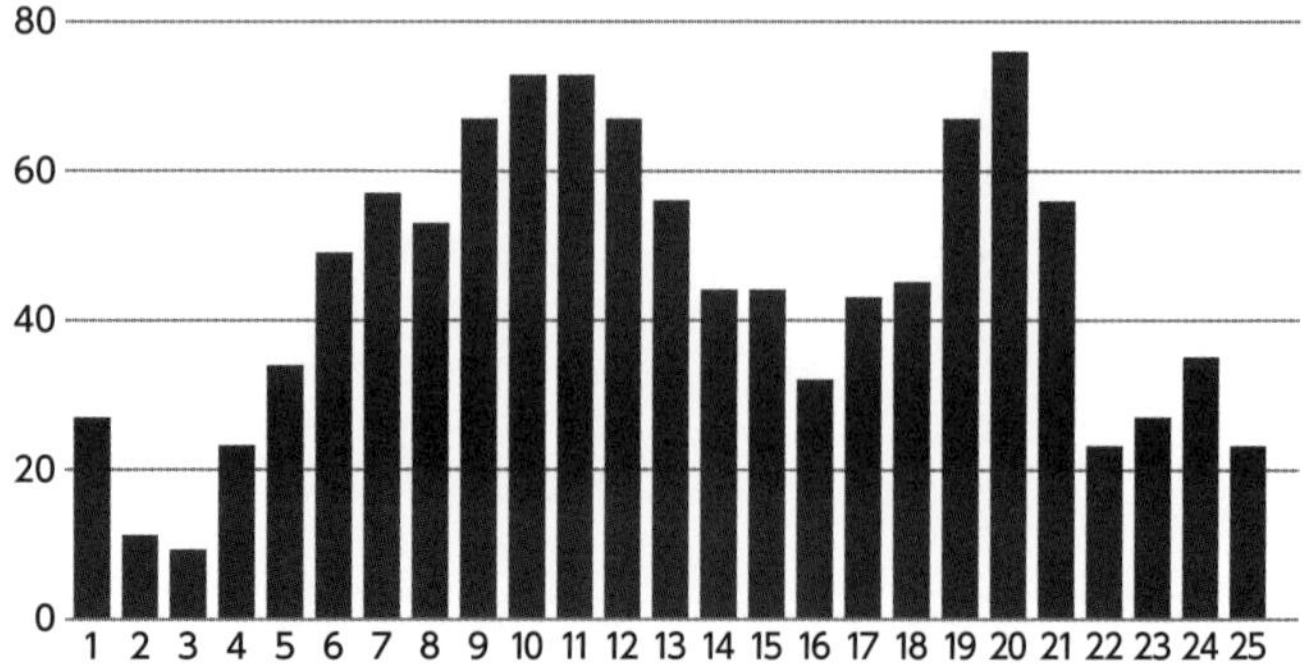

てまた下がるという曲線を描きます（上図参照）。

会話が始まってすぐに解約をやめる人はあまりいません。会話数が1回から3回までは、ちょっと話をしてみただけという人が多いのでしょう。4回以上会話を続けると解約をやめる人が多くなり、10回から11回でピークを迎えますが、ここからは解約防止数が減っていくという現象が起きます。16回目でそれが底を打ち、また20回目まで増えていきます。この二つ目の山を過ぎてしまうと、解約をやめることは難しくなるようです。よくここまで会話を続けてくれたと感謝すべきかもしれません。

最初の山では、解約回避策の効果が出ていると考えられます。不具合に対してチャットボットが「こうすればまた見られるようになります」と伝えたり、「このようなものも見られますがどうでしょう」と提案しているので、考え直すのではないでしょうか。それでもどうしようか悩んでいて、「やっぱりやめよう」と思うのが15、16回目で、グラフに谷間ができます。二つ目の山は、なお悩み続けた結果「やっぱり続けよう」と思ったのではないでしょうか。

ですから解約防止に関しては、会話が続けばいいというわけではないようです。ビジネスのセールストークも、長く話せばいいというものではありません。1時間話すより2時間話す方がいい結果が得られるわけではないからです。むしろここぞというときにクロージングをして区切りをつけなければタイミングを逃してしまいます。相手の心理を考えながら、一度引いた方がいい場合もあります。解約防止のためには、チャットボットにもそういうタイミングや、押したり引いたりする駆け引きを教えるのもありなのかもしれません。

●多くの人が自由記入もしてくれる

改善や要望、やめる理由などについて聞いたときに、用意した選択肢だけでなく思ったことを自由に記入する欄があります。するとテキスト入力という手間がかかるにもかかわらず答えてくれる人が40％近くもいます。コンテンツに関する質問では70％以上になります。やめるときに、これが見たかった、ああしてほしかった、なにが足りなかったと言いたかったということでしょうか。それが今まで企業の目にとまらなかったのは、訴える場がなかったからです。チャットボットが人間らしい対話をするのも貢献しているかもしれませんが、思いのほか率直に書いてくれます。

やめる理由として、こんな具体的な身の上話をしてくれる人もいます。

「免許取得のための貯金をするから」

「結婚して子供ができたので見ていると奥さんに怒られます」

「クレジットカードの支払いを滞納して止まってしまいました」

なかには家族の方が書いてくださったのか、「本人が亡くなりました」ということもありました。

長い返事を書いてくれる人もいます。次の書き込みは、バンダイチャンネルのサービスに対する問いかけへの回答です。

「アマゾンプライムとアニメ動画の差があまりない気がする。むしろ差があるならどのへんにあるか教えてほしい。このままでは登録している意味が見出せない」

バンダイチャンネルは特定の作品を独占配信しているわけではなく、他の配信サービスで見られる作品もあります。バンダイチャンネルではより多くのシリーズ作品を見られますが、その違いが伝わらずに「登録している意味」が見出せなかったようです。このコメントを書いた人にとっては、説明が十分ではなかったようです。

次のコメントについては、少し解説が必要かと思います。

「会員の説明で分からないことがあり、とりあえず入ってみようと思いましたが、入ったら、やっぱりそういうことかという感じでした。見たい作品がたくさんあり期待したが残念です。入ってすぐに解約になってしまい申し訳ありません」

バンダイチャンネルは会員になれば見られるコンテンツのほかに、追加料金が必要なものがあります。例えばある作品のシリーズでも「月額見放題プラン」料金で見られるものと、別途課金される「レンタル作品」とがあります。そのこと分かりづらく、会員になれば見放題のように思われると「やっぱりそういうことか」と不信感を生んでしまいます。これについてはサービス内容の案内を改善しました。解約希望者からの声が、不信感を取り除くことに繋がったのです。

　またこんな声もありました。

「サブスクリプションサービスを渡り歩く時代。囲い込まれる時代じゃない」

　そう言われてしまうと、的を射た意見ですとうなずかざるを得ません。

　アニメに熱い思いを持っているコアなファンもいるので、「さっさとほかのサービスに食われて死ね」のような辛辣な捨て台詞もありますが、全体を通していえるのはこういう人は少なく、きちんと返事を書く人の方がはるかに多いということです。解約の理由だけではなく、その背景や生活まで見えてきます。

引越、結婚、入院などで仕方なく解約する人が必ずいる

解約する理由を尋ねたときに「仕方なく解約する」という選択肢もあります。さらに「仕方なくとはどういうことですか？」と尋ねると、仕事、結婚、引越、入院などのライフイベントが主な理由になっています。この人たちは、サービスに不満はないけれども、例えば仕事が忙しいから本意ではなくやめようとしています。

仕方なく解約する理由が結婚の場合には「そうなんですね、ご結婚おめでとうございます」とチャットボットがお祝いのメッセージを贈っています。入院する人には「大変ですね。退院したらまた戻ってきてくださいね」といった具合です。ライフイベントが理由になっていると、こうしたメッセージを見て解約をやめている人が少なくありません。

このように解約しようとしているときにも理由に合わせてコミュニケーションを取ることができるのは、対話形式のチャットボットならではといえます。これまでコミュニケーションが不足していたからこそ、こういうメッセージを喜んでくれるので

しょう。企業の側からの歩み寄りができるので、このようなやりとりをもっと手厚くすることにしています。

サービスには特に不満はないけれどもやめる理由としては、「経済的に余裕がない」というものもあります。これに対しては一定期間無料か低額料金の休止を提案することで解約を防止することも検討しています。

●「仕事が忙しくてやめる」人にお勧めするアニメ

「仕方なく解約する」という人の理由では「仕事が忙しくなった」が約4分の1で一番多くなっています。

チャットボットに「仕事が忙しくなった」と答えると、「お体に気をつけて頑張ってください。もしよかったら忙しい方にぴったりの癒し系アニメをご覧になりますか?」というメッセージが返ってきます。ブラック企業に勤めている主人公が、動物に癒されてまた頑張れるという内容のアニメです。

忙しいから見られないと言っている人にアニメを見るように勧めているのですが、そういうおせっかいをしなくなっている現代だからこそ、一歩踏み出したレコメンドをしてみてはどうかという発想です。

この「ご覧になりますか？」の案内で、10人中3人がお勧めする作品を見に行きました。その成果は分かりませんが、視聴した後で解約を考え直した人もいます。デジタルの世界におせっかいがあっても、しつこく繰り返すわけでなければ、意外と喜ばれるのかもしれません。

チャットボットでヒアリングをしていくと、アクション映画をよく見ている人に撃ち合いのシーンが多い作品を勧めるといった単純なレコメンデーションではなく、忙しい人向けや引越する人向け、結婚する人向けといった一歩寄り添ったレコメンドができるのではないかということが見えてきました。

今はまだ人が書いたシナリオで作品を紹介していますが、ＡＩを使ってその人についてのさまざまなデータをもとにしたレコメンドをすることが可能です。ライフイベントでなくても、失恋したならこういう映画があるよとか、気が滅入って会社をずる休みしたならこのアニメを見ると気分が晴れるよといったような感じで、一人ひとりと密なコミュニケーションを取ることが、解約防止にとどまらず「1対1マーケティング」をするひとつの手段になり得るかもしれません。

●時間がない人は「セリフ検索」で見たい場面がすぐ見られる

時間がないのでやめたいという人に対しては、バンダイチャンネルで使える「セリフ検索」や短い時間で見られるショートアニメを紹介しています。

「セリフ検索」では、思いついた台詞を入力すると、その台詞が出てくる作品の場面が紹介されます。紹介リストから見たいものを選ぶと、動画がその場面から再生されます。記憶に残る作品には名シーンがいくつもありますが、例えば名台詞を検索するとその台詞があるシーンを見つけることができます。あのシーンってどこだったたっけというときに、「ああここだ、なつかしいね」という見方ができるのです。

1話を全部見る時間がないときも、自分で早送りしなくてもすぐにそこだけ見られるし、主要場面の拾い見ができるので、これなら解約しなくてもいいかもという気持ちになります。ネットのサブスクリプションならではのサービスといえます。

定番アニメの有名な台詞を、オマージュとして引用しているアニメもあります。台詞で検索してみて、知らなかった作品がリストに載り、ついでにそれも見てみようと横に広がる視聴にもつながっています。バンダイチャンネルにはこのほかにキャラクター名やあらすじなどからの検索機能もあります。

「セリフ検索」を最初に始めたのはバンダイチャンネルで、ほかの配信サービスでもこれから始まるといいます。映画やドラマでも、忙しくなって見る時間がなくなると、その作品が見たいというだけでなく、あのシーンだけでもすぐに見たいという要望が増えます。多くの人がそう思うシーンもあれば、一人ひとり違うこともあり、要望は細分化していきます。さまざまな要望が増えていけば、それに応えて各種のサービスが出てくるでしょう。それがユーザーの満足度を上げて継続してもらい、顧客生涯価値を高めることになるからです。

●「魅力ページ」から自社の立ち位置が見えてくる

チャットボットは、このサービスを解約したら次はどこに行くのかを尋ねます。そしてその行く先と解約防止率との関係を見ています。バンダイチャンネルでは、特定の配信サービスＡへ行くと答えた人は解約防止率が低く、配信サービスＢはそれよりも継続する割合が比較的大きいという傾向が出ています。

さらにどこに行こうとしているのかに合わせて、その行き先にはないバンダイチャンネルの特長を紹介する「魅力ページ」を作っています。チャットボットから「バンダイチャンネルは他の配信サービスと違った楽しみ方があります。紹介ページをご覧になりますか？」と案内をします。

この「ご覧になりますか？」に対して「はい」と答えたらまだ解約防止の可能性があるし、「いいえ」だともう興味がなくてほかのサービスに強く魅力を感じていると判断できます。これまでの実績では、特定の配信サービス２社に行く人は「いいえ」が多く、その他のサービス２社とほぼ半々で拮抗していて、さらに他のサービス１社へは「はい」が多くなっています。

「魅力ページ」を見るかどうかからは、解約防止ができる可能性が見えるとともに、サービス競争をしてもどこなら勝てそうかを判断する指標になります。これまで企業は、ユーザーとの間でこうしたことが見えるような会話をほとんどしてきませんでした。

●膨大な会話を分析して解約との関連性を見つけ出す

バンダイチャンネルの解約ページでは、日々数多くの会話があり、その内容だけでなく一人ひとりの会話時間などのデータも記録しています。そのビッグデータをAＩの解析ツールで集計して、解約との関係などについてのレポートが自動的にできるようにしています。データを取り始めてからまだそれほど時間が経っていないので、興味深い傾向が見えてくるのはこれからになりますが、次の一手を見つけるためになんらかの相関関係や因果関係を見つけ出すことが大事です。

例えば解約率と視聴件数、あるいは解約率とどれぐらいの間隔で見ているかの関係については、はっきりした傾向が出ていません。「解約するかどうか悩んでいる」人はどれぐらいの頻度で見ていたか、1カ月以上見ていなかったのか、もっとずっと見ていなかったのかといったことについても相関関係がはっきりしていません。

比較的はっきりしているのは入会期間との関係で、1カ月未満の入ったばかりで解約する場合は防止しにくいという傾向が出ています。またコンテンツを見る時間帯は夜が多く、通勤時間や昼休みの時間帯にも見られていますが、その視聴パターンと解約とは因果関係がありそうだというところが見えてきています。

このほか今分析しているのは、チャットボットの質問に答える秒数との関係です。返事をするまでの時間が長い人はちゃんと考えてくれているか解約するかどうか迷っていて、さっさと返事をする人はもうやめようと心を決めているという仮説が前提です。まだ答えは出ていませんが、一つひとつの質問ごとに解析していくと、もっと意外な結果が出るかもしれません。

またチャットボットの利用時間帯、つまり解約しようと思ったのが何時なのかによっても、解約防止の可能性が違うのではと予想しています。これまでのところでは、利用時間帯は夜が多く、夜の場合は長く会話を続けて答えてくれる人が多く、朝の場合は短い時間で会話が終わるという傾向が出ています。

数々の仮説を立てることで、男性はこういう会話をするとやめづらいとか、直近に見ていた作品と解約の因果関係など、いろいろな傾向を探ることが可能になります。なにかの傾向が出てきたら、こういう会話をする男性にはこう対応するとか、この作品を見ていた人にはこんなシナリオに導いてはどうかといった対策を検討することができます。その傾向や対策を企業にフィードバックすることで、さらにチャットボットの利用価値が高まります。

●さまざまな場面でチャットボットを利用する

バンダイチャンネルはアニメの専門チャンネルですから、動画配信サイトの中でもアニメの本数なら圧倒的に多くてここなら見られないものはない、アニメを見るならバンダイチャンネル、というのが目指すところでしょう。それにはなかなか見られないアニメが見られるという希少性や、ほかの動画配信ではやっていないようなサービスがあるという差別化が必要です。

希少性ということでは、例えば特定の制作者の全作品が見られるのはバンダイチャンネルだけです。日本の本格的なアニメ作品の先駆けであり、アニメの歴史を振り返る意味でも一度は見ておきたい作品を紹介することで、バンダイチャンネルの立ち位置が鮮明になります。チャットボットでそれらの作品紹介ページへ案内するのも、解約防止のひとつの手段になり得るでしょう。

アニメチャンネルならではのサービスとして、夏休みや冬休みなどは無料とする日を設けたり、特定の作品の視聴を無料にするのはどうでしょうか。ビデオレンタル店でアニメを借りようにも、レンタル店が次々となくなっています。こんな日にバンダイチャンネルは無料で見られるという認識が定着すれば、ブランディングにもプラスになります。

サブスクリプションサービスにおいて長期ユーザーが優遇されていない中で、プラチナ会員は一般会員より早く新作が見られるとか、通常は視聴期間が10日間限定のレンタル作品が14日間見られるというサービスがあれば、長く続けることがメリットになります。ことにロイヤルユーザーの愛着が高まり、解約を未然に防ぐことができるはずです。

バンダイチャンネルのチャットボットは、視聴するデバイスやOSごとに分けたシナリオが6種類まで増えました。性別などの属性や視聴ジャンルでも分けてさらに増やそうと考えています。チャットボットとの会話が蓄積されるにつれて、どのようなバンダイチャンネルの姿をユーザーが描いているのか、求められているサービスとはなにかがさらに明確になっていくでしょう。

チャットボットというと、機械的な応対をするものだと思われがちですが、導入後、解約ページに来たユーザーからの反対意見はまったくありませんでした。コミュニケーションもデータも取れる有効な手段として、バンダイチャンネルの社内でも理解が得られています。解約ページだけでなく、しばらくサービスを使っていない人や、入ったばかりで解約しやすい時期の人ともチャットボットで気軽にコミュニケーションを取って会話をしてみたいという声も出てきています。

●FODの解約希望者データから他社の利用状況も見える

2019年12月から、FODの解約ページにもチャットボットを置きました。

FODはドラマや映画、雑誌などコンテンツが多種多様で、アニメに特化しているバンダイチャンネルと比較するとエンタテインメントサイトの色彩が強く、コアなファンよりも一般視聴者向けといえます。それだけにユーザーの声が集まるのか読めなかったのですが、思った以上によい反応を得ています。

チャットボットの利用数は解約ページに来た人の大半になります。毎月後半になると増えていきますが、これは更新日が月末なのでなるべく最後まで利用しようとする人が多く、更新してすぐ月の始めにやめてしまう人が少ないからです。

チャットボットを置いた1カ月目は様子見の段階で、シナリオもやめていく人の声をそのまま聞いて、分かりましたと受け止めるような流れでした。その反応を分析して2カ月目からは親しみやすい語りかけに変えて、解約の前にサービスを見直してもらう案内をシナリオに織り込みました。その結果1回あたりの会話数は1カ月目の平均4・7会話から翌月には6・4会話に増えました。解約防止率も一定の効果が出ています。

チャットボットが画面に出てくる位置を画面の下から真ん中にしましたが、変えたその日からユーザー数や会話数が目に見えて上昇しました。特にスマートフォンではその効果が大きく現れています。アイコンの色を変えて、ランダムにウインクするようにするなど細かいところにも手を加えています。

FODでは、ほかのサービスはなにを利用しているかを聞いています。アマゾンプライムビデオ1社のみという回答だけでなく、ネットフリックスとアマゾンというように複数の人もある程度いて、FODと合わせると3つの動画配信を同時利用してきたことが分かります。この結果からは、他社に関するデータを自社のユーザー（正確には解約希望者）を通じて得ることができるので、動画配信サービスの勢力図のようなものが見えてきます。自社の内部調査にもかかわらず、ほかの企業や業界のことが分かるマーケティング調査になっているのが面白いところです。

●男性のユーザーが多いことがチャットボットからも証明

チャットボットを解約ページに入れたことがきっかけで、ＦＯＤがユーザーに対して持っていた見方の裏付けもできました。

ＦＯＤの社内では、圧倒的に女性の会員が多いというのが共通認識でした。利用者データからも40～50代の男性に第３のボリュームゾーンがあることは分かっていましたが、チャットボットのデータからも改めて証明することができました。

また、サービスの提供者側が、うちはここが強いはずだと信じていることがユーザーとのギャップを生み、それに気づかないことは珍しくありません。チャットボットは得られたデータでそのギャップを知らしめて、両者の橋渡しをする役目を果たしています。

●雑誌閲覧サービスがあることをユーザーが知らなかった

もうひとつ、チャットボットと解約希望者との会話で初めて分かったユーザーの実態があります。

FODは動画だけでなく、電子書籍配信プラットフォームで100種類以上の雑誌を読むことができます。このサービスを会員は知っているのかFODに尋ねると、大量にCMを流しているからよく知っているのではないか、知らないとしてもせいぜい2割ぐらいではないかという返事でした。

では実際はどうなのかと、チャットボットが解約ページで「雑誌のサービスをご存じでしたか」と聞いてみました。すると「知っている」と「知らない」の回答数がほとんど同数だったのです。企業側としては予想外の数字です。ここにもユーザーとの乖離がありました。そして雑誌のサービスがあることを知らないままやめていく人が少なくないという現実も見えてきました。

他社の配信サービスでは、NTTドコモ系のdマガジンが同じような雑誌を読むことができて月額４００円です。ネットフリックスのベーシックコースが８００円なので、もし両方の会員になると月額の会費は合計１２００円になります。そのため雑誌も付いている動画配信サービスで８８８円というＦＯＤは、動画にも雑誌にも興味がある人にとっては割安でお得なサービスなのです（金額はいずれも税別）。

チャットボットで知っているかどうかを聞くだけでなく、雑誌もドラマも楽しめるのはＦＯＤだけですと訴求するようにしましたので、それに対するユーザーの反応や解約防止にどれだけつながるかも見えてきます。

●ＦＯＤでも解約するかどうか悩んでいる人が一定数いる

ＦＯＤのチャットボットでも、「解約を希望しますか？」と聞いたときに「はい」「いいえ」に「解約するかどうか悩んでいる」という選択肢を加えて答えてもらっています。するとバンダイチャンネルよりはやや少ないのですが、「悩んでいる」人がやはり毎回３％程度います。どのサービスでも「悩んでいる」人の率がほぼ変動することなく存在しているのは興味深い現象です。この「悩んでいる」人たちの解約防止率は10倍です。

動画配信サービスでは、新規加入者とほぼ同数のユーザーが解約していくことは前にもお話ししました。毎月の新規加入者数が仮に100万人で、解約者数が98万人というのが典型的なケースとすると、会員数に対して純増した比率は2％です。逆に解約者数の方が2万人多ければ、2％ずつ減っていきます。「解約するかどうか悩んでいる」人が3％いるということは、この人たち次第で増加か現状維持か減少かが左右されることになります。その意味でも「悩んでいる」人を引き止めて、なおかつその理由や行動を分析することは、経営上重要なポイントになってきます。

「悩んでいる」人を利用端末で分類してみると、パソコンで見ている人は少なく、スマートフォンが多くなっています。またスマートフォンから解約する時間は夜10時から深夜1時ぐらいに集中しています。

このことから解約する時間や利用端末と解約率の関係について仮説を立ててみました。

アメリカでは、ベッドインショッピングという言葉があります。ベッドに寝ころがってものを買うと思考能力が落ちて、なんとなく買ってしまうことが多いというのです。夜横になってスマホでつい買い物をしてしまったので、その分節約しないといけない。じゃあ動画を見るのを我慢して解約しよう。こんなふうに、なんとなくやめようかなと思った結果が「解約するかどうか悩んでいる」ということになっているかもしれません。でも「なんとなく」ですから、これも見られます、あんなこともできますと説得されると、ああそうか、じゃあ続けようとなる。仮説なのでここまでの検証はしていませんが、解約防止率10倍の理由はこんなところにもあるかもしれません。

ある統計調査では、３万円以上の買い物や保険の申し込みはスマートフォンではなくパソコンでする人が多いという結果が出ています。では動画配信のようなサブスクリプションではどうでしょうか。パソコン利用者とスマートフォン利用者を分けてデータを取っているので、分析することで利用端末の違いと解約防止率との関係が明らかになるかもしれません。

●「仕事が忙しい」という解約理由が目立つ

ＦＯＤでも、「仕方なく解約する」人にその理由を聞くと「仕事が忙しい」が30％近くで最も多くなっています。このほかでは「育児」が10％というのも目立ちます。バンダイチャンネルでも、同じ質問に対して一番多い答えは「仕事」で25％でした。

仕事が忙しいといえば、どんなことでも断る理由になるからこう答えたのではという見方もできます。確かに今までは見ていたのに、急に見られなくなるほど忙しくなる人がそんなにいるだろうかという気もしてきます。新規加入してすぐに、やっぱり見る時間がないからやめるという場合もあるかもしれませんが、それでも忙しいのは前から分かっていたはずです。

回答数が多いだけにその中身が気になります。どう忙しくなったのか、なぜ見る時間がないかをさらに掘り下げてみたいところです。チャットボットで「本当に忙しいんですか？」とは聞けないので、質問の方法を検討しています。ＦＯＤでは「仕事が忙しい以外の理由ではなにがありますか」と聞くことにしています。忙しいという理由の奥に別の理由が隠れているかもしれません。

●解約理由を見ていくだけでも面白い

ＦＯＤでは、解約する理由について「もしよかったら教えてください」と聞いて自由記入してもらうとかなり多くの回答が寄せられます。自社のサービスがどう思われているのか、生の声が聞ける貴重な機会となっています。答える必要がないのにこれだけ書いてくれるのは、チャットボットに対する共通した反応です。第三者が見ているだけでもなかなか面白い反応が多いので、その一部を紹介します。


ライフイベントについての回答を見ると、今の世の中のありようが見えてきます。

またこんな回答もありました。

「これから忙しくなるし、見ているといつも寝不足になってしまう」

【コンテンツについて】

「アマゾンプライムで十分」　「ノンフィクションが見たかった」
「見られるものが少ない」　「見たいものがなくなった」
「マンガが読めない」　「プロ野球が始まるから」
「ほかと迷っている」　「録画が溜まってきたから」

【操作・料金などについて】

「アプリの作成ができない」　「使いにくい」
「パソコンが不調」　「お金がかかるから」
「高い」　「メインカードを楽天に替える」
「無料ポイントがない」　「支払い方法」

【さまざまなライフイベント】

「入院、手術します」　「健康問題」
「インフルエンザが完治して見なくなった」
「試験がある」　「勉強をするためです」
「出張が減ったから電車移動の時間がなくなり見なくなった」
「暇がない」　「見る時間がなくなった」
「バイトを始めた」　「育児や家事」
「出産」　「介護と仕事」
「会社で昇進したから」　「帰りが遅いから」
「休みが終わったから」　「海外に転勤」
「趣味ができた」　「ライフスタイルの変化」

「死にたくなったから」
「先週末に孫が生まれて、忙しくなりそうなので」
「疲れやすくなって、夜すぐ寝てしまうようになった」
「出世して、そんな場合ではなくなってきた」
「楽しくてずっと見てしまう」
「ほっといてください」

自由記入した人の中では、辛辣な言葉を発言する人もいます。年齢層や利用状況とも照らし合わせて、なぜこういう回答になったのかを分析したいと考えています。

一方では「最近、体質が変わって疲れやすくなり作品を見る時間が取れなくなってしまいました。体調管理をして、健康になったらまた登録したいです」といった丁寧な回答も時々いただきます。長文で事細かに説明をしてくれた方には、ＡＩできちんとしたお礼を自動応答できるしくみも用意したいと思っています。

●チャットボットがモニター調査をしてくれる

ＦＯＤにどんな作品があればいいかを聞くと、やめようとしているにもかかわらず多くの人が書いてくれます。「ＦＯＤの中にはもうありません」「ドラマの種類が少ないと思いました」という人は、ＦＯＤで見たいものは見尽くしてしまったのかもしれません。なかには他の放送局のドラマでそれは無理という番組もあります。

考えてみれば、これはなんのインセンティブもない意識調査のようなものです。マーケティング活動でモニター調査を受けてくれた人たちには、謝礼などの見返りがあります。ところが解約ページでチャットボットを相手に会話した人たちは、それまでに身銭を切って月額料金を払ってくれています。にもかかわらず最後になって質問に答えてくれています。見返りがない分、モニターよりも純粋なマーケティング調査と見ることもできます。解約ページはすぐには行きにくい深い階層に置かれるので、これとは別にユーザーの声を集めることを目的に、アクセスしやすいページにチャットボットを置くともっとたくさんの声が集まるはずです。

●「配信カレンダー」の存在を知らせて継続につなげる

ＦＯＤで配信されている作品は４万５０００本以上と大変な数になります。そのすべてを知った上で利用している人はまずいないのではないでしょうか。そのため「配信カレンダー」で今月見られる作品、来月から始まる作品などを案内しています。チャットボットからもこの配信カレンダーを案内しています。トップページからも行けるのですが、解約ページに来た人にも、実はここで見られる作品が分かるからもう一度確かめてみてくださいという流れにしています。するとチャットボット経由で配信カレンダーを見て解約をやめる人がいて、解約をやめた人全体の５％になります。この５％の人たちは、見たかった作品がＦＯＤにあったのに見つけていなかったことになります。

また解約ページから問い合わせページにも行けます。やめる理由を尋ねるシナリオで「問い合わせページに行ってみる」という選択肢があり、これを選ぶとチャットボットが「ここから問い合わせをしてください」と案内します。そして問い合わせページに行くと35％が解約を思いとどまります。

これらの人たちにとっては、配信カレンダーや問い合わせページがどこにあるか分かりづらかったのかもしれません。それ以上に、ここではチャットボットがなんでも案内役のコンシェルジュのような仕事をしていることに注目したいと思います。

●人気ドラマの魅力を解約前にもう一度伝える

ＦＯＤでも解約してからどの配信サービスに行くかを尋ねます。さらに「ＦＯＤプレミアムはフールーとは違った楽しみ方があります、ページを作ったのでご覧になりますか?」と尋ねて、「はい」と答えると「こちらをクリックしてご覧ください」と「魅力ページ」に飛ぶようになっています。

ＦＯＤには『東京ラブストーリー』のような１９８０年代末から90年代始めのバブル期に人気を集めたトレンディドラマ、『牡丹と薔薇』を始めとする昼ドラ、『銭形平次』『大奥』といった時代劇などドラマのラインナップが充実しています。『古畑任三郎』『ガリレオ』『ＢＯＳＳ』といったヒット作も揃っています。このようなドラマ群は、ほかのどの配信サイトにもない強みです。

さらに、例えばネットフリックスに行こうとしている人には雑誌が読めることも紹介します。こうして魅力ページでＦＯＤのよさを印象づけます。ドラマの内容までゆっくり味わってもらう必要はないので、早めにチャットボットとの会話に戻ってもらうようにページを構成しています。

この魅力ページに、ネットフリックスに行こうとした人のうち４人から５人に１人が見に行きました。４、５人に１人はまだ迷っているということです。利用料金もネットフリックスは月額８８０円（ベーシックコース）で、ＦＯＤの９７６円と拮抗しています。ユーネクストはＦＯＤと同じく月額料金で雑誌が見られますが、２１８９円と料金が高いので迷っている人がさらに多く、３人から４人に１人が魅力ページでＦＯＤのサービスを確認しています。一方、アマゾンプライムになると10人に１人、ｄＴＶは７人に１人しか魅力ページを見に行きません。アマゾンプライムビデオが月額５００円、ｄＴＶが５５０円ですから、これは価格競争力の違いといえそうです。

●他社サービスとの違いが分からずにやめようとしている

ＦＯＤでは魅力ページを見た人の10％以上が解約するのをやめています。

このように魅力ページを見に行く人が意外と多く、しかも解約するのをやめた人が一定数いるということは、ＦＯＤのサービス内容も乗り換えようとした先のサービス内容もそれほど把握していなかったことが推測されます。テレビや電車でＣＭを見て、ネットフリックスをちょっと見てみたいと思った程度なら、ＦＯＤの魅力ページで「やっぱりＦＯＤもいいな」と思い直したり「いっそ両方見てみようか」と考えることもあり得るでしょう。

よく分からないけれど別のサービスに乗り換えようとする傾向は、サブスクリプションサービスの数が増えるほど強くなります。おそらく「ＦＯＤとネットフリックスのサービスの違いはどこでしょうか？」とチャットボットで聞いてみたら、「よく分からない」という回答が多いはずです。解約ページに来た人だけでなく、ユーザーに自社のサービスのよさを周知しておくことも必要です。

また解約の理由を尋ねると「料金が高い」という回答が少なくありません。ＦＯＤの９７６円は動画配信の中で高くもなければ安くもないという水準ですが、そうは思っていない人がいます。なにに対して高いのか、ネットフリックスと比較したのかアマゾンプライムビデオと比較したのか、あるいはレンタルビデオよりも高いと思っているのか。いくらなら安いと思うのか。そういう質問を増やすことで、ユーザーの価値観がより細かく見えてきます。同じ意味で「どんな機能があったらやめませんか？」という質問から、興味深い回答が得られるはずです。

ユーザーが今利用している製品やサービスを理解していない一方で、企業がユーザーを意外と分かってないこともこれまで見て来た通りです。そこをマッチングするのがデジタルマーケッターのこれからの使命になります。チャットボットはそのためのデジタルマーケティングのツールになっていきます。

●通販の定期購入会員向けにチャットボットで解約防止

動画配信のサブスクリプションサイトでチャットボットがどのように働いているかを紹介してきました。次は通販サイトについてです。

健康食品のネットショップ大手では、美容サプリメントやビタミン剤などを扱っています。定期購入会員になると、マイページでどの商品がどれだけ、どのような頻度で届くかを決められます。

通販サイトは定期購入で顧客生涯価値を高めたいのですが、解約者が多いのが悩みです。とある定期通販の事業会社でも1カ月目の解約率が7割から8割で残る人が少なく、解約防止が課題となっています。

この企業では、チャットボットが定期購入コースを解約するページにいて、なぜやめるのかを聞き、「口に合わない」「量が多い」「ほかの商品にする」「効果が感じられなかった」などから理由を選んでもらいます。一番多い回答が「量が多い」で、これに対して何を頼んでいるか、どれぐらい多いかを聞いて「最近少し余る」「それでは配送の回数を減らしますか」「はい」と会話を続けて購入内容の変更ページに移ります。変更手続きをすると、購入回数は減りますが解約を防止できます。

健康食品は効果をうたおうとしても表記についての制約が厳しく、このサプリで痩せるとかきれいになると書くことはできません。「サプリを飲んで食生活のバランスをサポートする」「誰もがうらやむような体になる」といった表現がぎりぎりセーフの範囲で、横にスリムな女性の写真があったりします。

チャットボットのシナリオでも、「効果が感じられなかった」という回答に対して「飲み方がよくなかったのでは」と答えると問題なので「体質や個人差があるため一概には言えませんが、3カ月から半年程度はご様子を見ていただくことをお勧めいたします」という文言にしています。

初回限定の極端に安い価格でなくても、定期購入コースで買い始めたのに1回でやめてしまう場合もあります。通販では、携帯電話であったような解約を防ぐための縛りは行われなくなっています。チャットボットの会話に「1回だけでやめるつもりだった」という回答の選択肢を設けたところ、30％弱近くの顧客が初回特典や購入の際のポイント目的であることが分かりました。もちろんこの割合は、その企業が行っているプロモーションや特典で異なっているでしょうが、この数字を減らすプロモーションを行うことも、解約理由の裏付けに基づく大切な選択でしょう。解約防止率は徐々に改善していますが、データ収集を進めながらさらに効果的なシナリオを検討しています。

●家事代行サービスでも始まった解約防止

次の例は共働きの女性を中心にユーザーが多い家事代行サービスの会社です。ユーザーの半分以上はサブスクリプション契約で、月4回の掃除をしてもらって3万円弱といった価格帯です。この事業も参入者が増えて競争が激化し、解約率が70％を超えてきました。「サービスの解約をご検討されていますか」から始まって、「解約したい」「しない」から「解約したい」と答えると「料金が高い」「必要がなくなった」「しかたなく解約する」といった回答の選択肢があります。

解約していく一番の理由は料金です。外国人を使って低料金で掃除をするサービス会社が出てきているので、料金だけを見ると割高に感じられます。チャットボットには動画を再生する機能があり、動画を見てもらったり、ラインの自社アカウントにつなげたりして、「ここの家事代行はきちんと掃除をしています」と訴えます。

家事代行のユーザーで解約するパターンが多いのは、奥さんが家にいて目の前で掃除をする場合だそうです。自分なりの掃除のしかたと違うと気になるのかもしれません。掃除をする人と家の人の関係が良好であれば継続率が高いということなので、それもシナリオの要素に織り込むことにしています。

●生活スタイルの変わり目にどう対応するか

動画配信サービスをやめるきっかけとして結婚や引越、入院といったライフイベントが浮上してきましたが、通販の定期購入もそれは同じで、化粧品や美容サプリを買うのをやめる理由となっています。

ソフトのクラウドサービスも「仕事をやめたから必要なくなりました」「結婚してもう使わなくなります」という理由で解約することがよくあります。結婚や引越、出産、転職などさまざまなライフイベントに対して、その商品やサービスがその後も「使える」「必要となる」ことを示す必要があります。そのために、どのようなライフイベントでどれぐらいやめているかを知ることから対策が始まります。チャットボットでそのような調査ができていることは、これまでの事例で紹介してきました。入院したとき、引っ越したとき、結婚したとき、仕事が忙しいとき、それぞれについて対処するには自社のどのサービスが有効か。あるいは対処できるサービスが不足しているのではないか。こう考えていくと、その企業が抱えている課題も見えてきます。お父さんが忙しくなったら、子供がアニメを見ないだろうか。奥さんが雑誌を読むのではないか。このようにどういう使い方なら続けてくれるかを見つけ出すことが大事です。この人は入院するから、時間が余って暇になりそうだ、雑誌が見られる状態かどうか聞いて、大丈夫なら勧めてみるといいのではないかといった、一人ひとりの状況に応じたお勧めをすることがこれからのマーケティングになります。

●「幽霊会員」を生きて活動する会員にする

大手の動画配信サイトなどでは、いわゆる「幽霊会員」が１００万人単位でいるといいます。

動画配信サイトでは５％程度がヘビーユーザーで、こういう人たちが一人１日２時間以上コンテンツを見ると配信業者はコストが増えて損をしています。25％のユーザーは適度に見ていて、70％がほとんど見ず、見ない人の視聴料金に支えられてきたという構造があります。だからいるかいないか分からないような幽霊会員はそっとしておくというのが、この業界の常識となっていました。毎月定額がクレジットカードで引き落とされていることに気づかないでいてほしい、寝た子を起こさない方が得策だというわけです。

ところがここに来て、寝た子に積極的に働きかけて起こす方向に変わってきています。せっかく入っているのに使っていないと損だと教えるのは、サービスを提供する側の使命でもあるし、その方が自分たちにとってもメリットが大きい、むしろこれまで見なかったのはなぜかを知るべきだと考えるようになっています。

なにもしないで毎月収入があるなら、それはそれで悪くないような気もします。しかし視聴してもらわないと利用状況のデータが集まりません。もし誰も見なくなったら、どの年齢層がなにを見ているか、人気コンテンツはなにかといった運営政策を決めるための基本的な情報が得られなくなります。今はビッグデータからＡＩでユーザーの動向を読み解く時代ですから、データ量が多いほど正確な分析が可能になります。その意味では、幽霊会員がいてもなんのプラスにもなりません。

外資系の動画配信会社では、どれだけ動画が見られたかを基準にして営業担当社員の報酬が査定されます。その社員が獲得したコンテンツが何億回再生されたか、あるいは何時間見られたかを評価しています。

それに見ていればなかなか解約しないのは言うまでもありません。ケーブルテレビ局のマーケティング担当の方が言っていたことですが、幽霊会員はやめると一生戻ってきてくれないそうです。入会したことも忘れていたようなサービスに、再び興味を持つことはないのです。休眠状態になり、そのことに気づいて結局やめていく前に目を覚まして活動してもらうべきです。顧客生涯価値を考えても、幽霊会員に頼っているうちはビジネスを発展させることはできないでしょう。

●1カ月でやめる人には、なにをしても無駄?

次に、すぐやめてしまう人たちにはどのような対応が可能でしょうか。

動画配信サイトでは、流行りのコンテンツを見ようとして入会した人は、脱会するのも早いという傾向があります。最近では人気コミックが原作のアニメ『鬼滅の刃』を最初に見るとやめるのが早く、昔の『ガンダム』シリーズから見始めると長続きするといいます。さらに分析を進めると、このコンテンツを見たらかなり安心ということがいえるようになるかもしれません。

解約防止と入会期間との間には、かなりはっきりした因果関係があります。解約を希望していたけれどもチャットボットで継続することにした人の内訳を見ると、入会して1カ月未満の人は15%ですが、1カ月以上1年未満では26%、1年以上が59%を占めます。解約するのを考え直した人の6割が長期ユーザーになります。

1カ月未満でやめる人は「見たかった作品を見終わった」「見たいものがなくなった」という解約理由が多くなっています。視聴時間を調べると、1日に10時間も見るような人は、無料お試し期間に見たいものだけ集中して見てはやめていきます。アフリカのサバクトビバッタが大量に繁殖して一瞬で草を食べ、不毛の地にしては次の草地に移動していくのに似ています。それに対してアニメ動画サイトで毎日1時間ずつコンスタントに見ているアニメ好きの人は、無料期間を使ってほかを渡り歩くようなことはしません。ゆっくり草を食べて牧草地と共存していく羊のような存在です。

1カ月未満でやめる人たちは、流行のものにしか興味がなく会員サービスの中身には関心を持っていません。その人たちの解約を防止しようと対策を取っても、しょせんは労力のわりに報われないと割り切るべきかもしれません。顧客生涯価値を重視してサバクトビバッタが食べに来るようなコンテンツはあえて置かないという選択もありでしょう。

一方で1年以上の継続会員は、そのサイトへのロイヤルティが高く、企業にとってありがたい存在です。こうした会員を大事にして、1年未満の人に1年以上続けてもらえるようにする方策に力を入れる方が賢明かもしれません。

●サブスクを複数利用するとカードが使えなくなることも

チャットボットで解約を防止できる一番の要因は、サービスのよさを改めて伝えることです。動画配信サイトでは、解約を防止できたケースのうちコンテンツの品揃えの豊富さや面白さをよく知ってもらったり、知らなかったサービスを教えたことがきっかけになった場合が4割、続いてトラブルの解消法を知ったことが1割から2割程度というところでしょうか。逆にいうとコンテンツやサービス、トラブルの解決法を知らないことが解約原因の多くを占めているわけです。

またこれは通販サイトでもいえることですが、支払いがうまくできなくなったから解約したいというケースがあります。カードの使用期限が切れてしまい登録し直すのが面倒だからという人には、使用期限だけ更新すれば簡単に続けられますと案内することで継続してもらえる可能性が高まります。

複数のサブスクリプションサービスを使っている人が、カードで引き落としができないと連絡を受けて驚くことがあります。カードに利用限度額があることは知っていても、そんなに買い物をした覚えがないのになぜだろうと不思議に思いながらも、カードが使えないならやめてしまおうということになりがちです。

実はクレジットカードで定期利用料金を決済すると、カード会社によっては当月分だけでなくその先の引き落としも含めて3カ月分の利用枠を押さえているところがあります。毎月1万円ずつサプリや健康食品を3社から買い、複数の動画配信サイトも使っていると、月々の出費が3万数千円になります。仮に利用限度額が20万円のカードでこれらを決済して3カ月分の利用枠を押さえられると、それだけで10万円を超えて残った利用限度額は10万円以下になります。でも本人は月々3万数千円だからまだ16万円以上残っていると思っています。ところが少し買い物をし過ぎた月に限度額を超えてしまい、「なんで？」ということになるのです。

これはサブスクの意外な盲点で、解約につながる原因にもなります。解約防止策としては、引き落としができない理由を説明して、別のカードを使うか決済方法を変更するよう案内することになります。チャットボットで説明しきれなければ、「よければお電話でお答えします」とコールセンターにつなぐ方法も考えられます。

●モニター調査と考えても多くの貴重なデータが得られている

第4章でも述べましたが、チャットボットを置いた企業の一番の驚きは、こんなにたくさんのユーザーからフィードバックが得られるのかということです。

「最後になってわざわざ誰もなにも言っていかないだろうと思っていた。こんなに意見をいただけると思わなかった」

「辛辣な声もあるが、こうしたらやめなかったのにという意見も多い。きちんと応えていかないといけない」

「大量にデータが取れる上に、やめた後にどこのサービスに移るのかまで教えてくれるとは想像していなかった」

「アンケートと考えても効率がいい。モニター調査に100万円使うなら、それよりもチャットボットで話を聞く方にコストをかける方がいい」

このように企業からは、やめていく人の思いに目を向けていなかったという反省の声やチャットボットの効果を認める声が聞かれます。

考えてみれば、B2Cビジネスでは、解約する人を引き止めようとしてこなかったのかもしれません。「了解しました。この日をもって停止します。長い間ありがとうございました」と事務的な手紙かメールが1本送られてきて終わるだけです。それではなにかもの足りないという人が一定数いたことが、チャットボットの会話数の多さからうかがえます。本当はもっと話を聞いてほしかったという隠れた願いが、解約ページに来て10％が解約をやめるという事実に込められているように思えます。

●大量のデータをどう解析に活用するか

チャットボットとの会話からは、そのまま改善につながる意見が得られることもあ

ります が、数多くの声を集めてそこから傾向を見つけ出す解約分析が大事です。

あるサイトのデータでは、男女別に見ると解約するまでの期間は男性が長くて年齢層は30代から40代、女性は短期間でやめていく若い層が多い、会員の男女比3対2なのに対してやめる人の男女比は4対1、等々の集計結果が出ています。

性別や年代のほかに独身か既婚か、居住地域、年収などの属性別にも集計結果が出せます。また解約ページに来た時間帯、チャットボットとの会話回数と所要時間、個々の質問に対してどの回答が多かったかというデータが蓄積されます。この質問にこう答えた人はその後どういうシナリオをたどっていくかも追跡できます。

サプリ系のサブスクリプションサービスでは、最初になにを買うかによってどれぐらい続くかという傾向の違いがあります。痩せることを求めて買う製品の場合は、すぐに効果が出ることを期待しているので長続きしにくく、関節によいとされるものやコンドロイチン、グルコサミン、ビタミン剤のように飲み続けることが前提の製品は長続きするという具合です。

こうして得たさまざまなデータをどう関連づけるかによって、因果関係や傾向がうまく見えてくるか否かが変わります。複数の要素を掛け合わせるパターンは大量に出てくるし、基礎データ自体も大量ですから、コンピュータですべてのパターンについてシミュレーションしようとしても相当な時間がかかってしまいます。例えば解約するかどうか迷っている人について、年齢別に、どんなコンテンツを使ってきたか、最初になにを見たかを出して解約防止率との関係を調べてはどうかというように、なにをどう組み合わせて探るかについては経験を積んだ人間の勘に頼るのが一番の近道です。こうした理由から、チャットボットのデータ分析も専門の分析官の仕事になっています。

●チャットボットから解約防止マーケティングへ

ユーザーがサブスクリプションサービスを始めるきっかけは、広告やキャンペーン、雑誌の記事、口コミなどいくつかあります。そのきっかけと解約との関連性も調べることができます。この広告を見て入った人は100人いて8割が解約するが、このキャンペーンでは50人入って1割しか解約しないので、キャンペーンを地道に続けた方がいいといったことが、解約率を振り返ることで見えてきます。会員サービスの出口でのマーケティング調査を、入り口に活かすことができます。

要は売るときのことだけを見ていたマーケティングばかりでなく、やめていく人に対するマーケティングが重要だということです。チャットボットからこれまでのマーケティング手法では得られなかったデータが得られていますから、後は分析するノウハウを積み重ねて、簡単に入って簡単にやめていくような行動の根幹も見えてくるはずです。

これまでのマーケティングはどんな人が契約するかには興味がありましたが、やめていく人には興味を持ちませんでした。チャットボットで解約者から得た貴重なフィードバックから顧客生涯価値を最大化することを目指すのが解約分析であり、解約防止マーケティングです。顧客生涯価値という見方が世の中に浸透するに従って、解約防止マーケティングの重要性が理解されていくだろうと私は思います。

チャットボットが解約希望者に直接働きかけることで、その10％に継続してもらっ

ています。新規のユーザーを獲得するよりも顧客生涯価値の最大化に貢献していま
す。この解約防止率を10％から大きく上げていくことが当面の目標です。

第6章

引き留めて終わりではない！解約理由から顧客の本音を読み解き、サービスの改善・向上に活かす

●企業と消費者が直接コミュニケーションを取る

チャットボットを使ってユーザー一人ひとりに向き合う「解約分析」や「解約マーケティング」について話してきましたが、これと響き合うようにして、マスマーケティングとは対極の動きがいくつか生まれています。

ユーチューバーやインフルエンサー、ショッピングサイトや口コミサイトのレビューなどで情報が発信される裏ではお金が動いていることが知られるようになった結果、消費者はそのような世界を疑いの目で見るようになっています。その一方では、信頼する企業のファンになり、企業の話に直接耳を傾け、ときには一緒になって商品を勧める人たちがいます。

企業の中にも、インフルエンサーの知名度に頼ったりするより、直接顧客とコミュニケーションを取ることで一気に距離が近づくことに気づき始めたところがあります。

今行われている多くのマーケティングリサーチでは、若い女性で都会に住んでいて独身だからきっとタピオカが好きだろうと決めつけるようなやり方で、そういう属性を持つ何千人に一気にタピオカドリンクの広告をしています。でも人によっては「私はタピオカはちょっと苦手で」と思っているはずで、直接本人から「私は好き！」と聞いた人たちに案内した方が効果が高いに決まっています。

いくらデジタルデータを駆使したり意識調査をしても、結婚する、お酒より甘いものが好き、仕事が忙しくなったといったことまでは分かりません。ところが本人に聞くと一発で分かります。もちろん誰にも教えてくれるわけではありません。１対１で率直なコミュニケーションが取れる場があることが前提になります。サブスクリプションサービスの解約サイトでは、チャットボットが会話の中からそういう話を聞き出しています。

●顧客生涯価値を高めるファンマーケティング

商品のユーザーがファンになり、インセンティブがなくてもその会社の商品やサービスを広める活動をすることは、ファンマーケティングと呼ばれています。その例をいくつか紹介します。

ユースキン製薬のハンドクリームのユーザーは、自分や子供の写真を宣伝材料として提供し、その写真が評判を呼んでまたファンを増やしています。無報酬で勧める人がたくさんいることが、そのまま商品の魅力のアピールになっています。

バスケットボールの選手は手を酷使するのでハンドクリームをよく使うそうです。あるときユースキンの一人の営業担当が、プロバスケットボールリーグ選手が自社製品の愛用者と知り、お礼にハンドクリームのサンプル品をまとめて送りました。その選手は「ユースキンのサンプルをこんなにたくさんもらいました」とＳＮＳで報告し、その選手のファンの間ではユースキンの製品を持っていき、箱にサインをもらうのがブームになったそうです。サンプル品は無料ですから、広告宣伝費ゼロでもファンマーケティングで反響が広がったという事例です。

ドイツ製の高級ハンカチやバッグのブランドであるフェイラーは、公式サイトの中にファンページがあり、そこにはフェイラーのハンカチを使っているファンの写真が送られてきます。その写真は無料でフェイラーの商品販売サイトで使われています。もちろん無断使用ではなく、自分の写真が出ると喜んでいます。そのことがファンと企業の絆をさらに深めていきます。

日本に「ＢＯＫＵＲＡ」というファンマーケティングの支援会社があります。その社長は、ラーメン店のファンコミュニケーションに感動して会社を起業しました。

ある日、夜中にお腹が空いて「一蘭」にとんこつラーメンを食べに行き、ＳＮＳに「帰り道で誘惑に負け。＃一蘭」とアップしました。すると「ありがトン！また来て欲しいブー！」とコメントがありました。ユニークな文章が気になり、アカウントを見てみると一蘭公式アカウントだったのです。その社長は、自分のことを探して、見つけて、感謝を伝えてくれたのがうれしかったことをきっかけにＳＮＳを通じたファンとのコミュニケーションの大切さを知りました。

このように一人ひとりのユーザーと向き合ってコミュニケーションを取り続けることがファンマーケティングを広げていきます。ファンになって長く付き合い続けてくれるユーザーの顧客生涯価値が高いことはいうまでもありません。

●ゼロパーティデータとはなにか

海外でも、ユーザーやファンと直接触れ合うことを大切にする動きが出てきました。チーターデジタルというアメリカの企業は、「ゼロパーティマーケティング」という新しい概念を提唱しています。そしてアンケートやクイズなどを通してゼロパーティデータを得る機会を増やす手法を開発し、顧客との関係を深めるソリューションを企業に提供しています。

チーターデジタルでは、消費者のデータを「ファーストパーティ」「セカンドパーティ」「サードパーティ」「ゼロパーティ」の4つのカテゴリーに分けています。

ファーストパーティデータは自社が持っているデータで、例えば顧客の氏名、性別、年齢、住所、商品やサービスの利用状況などです。企業はこのファーストパーティの情報の一部を、他社と提携して相互に交換したりします。こうして得た他社のデータと自社のデータをもとに、こういう傾向があると推測したものがセカンドパーティデータです。例えば動画配信サイトと旅行会社が情報交換して、動画の利用状況と旅行回数や旅行先を照らし合わせて、この人たちはこういう旅行が好きなはずだ、こんな映画が見たいのではと推測して、お勧めのツアーやコンテンツを紹介したりします。

サードパーティデータは、30代男性の会員を増やしたいといったときに、ネット上で得られるデータなどをもとにしてターゲットを集めます。このときによく使われるのがクッキーという個人情報です。クッキーは使用しているパソコンやスマホのブラウザ情報として保存され、訪れたウェブサイトとその日時、訪問回数、ウェブサイトで入力した内容や購入履歴などが記録されています。このクッキーを大量に集めて、そのデータをもとに、30代男性で自社の会員サービスに興味がありそうな人を探します。

ファーストパーティデータは顧客が自身で入力したり企業がその行動を把握したデータです。しかしセカンドパーティデータやサードパーティデータは直接得たものではなく企業側の推測に過ぎないので、本当にその旅行やコンテンツが好きなのか、会員サービスに興味があるのかどうかまでは分かりません。

これに対して、本人に直接聞いて初めて分かる類のものがゼロパーティデータです。旅行に行くならどこに行きたいと思っているか。タピオカドリンクは好きか。こういうデータはセカンドパーティやサードパーティからは得られませんが、聞けば教えてくれるかもしれません。

チーターデジタル日本法人の白井崇顕代表は、私とは同じ会社で働いたことがある間柄ですが、ゼロパーティデータについて「顧客が自らブランドへ積極的に共有する情報」と説明しています。そして「ゼロパーティデータの収集と活用は、すでに世界のマーケティングトレンドになっています、売上の大半を形成するロイヤル顧客の理解を進めることは、日本市場でも企業の成長を後押しする原動力となるでしょう」と話しています。

●直接人に聞くのが一番早く間違いがない

ある会社についてネットで一度調べると、以後その会社や関連商品の広告が何度も出てうんざりしたという経験を、多くの人が持っていると思います。

同じように、自動車を売ろうと思って中古車買取サイトに行くと、車を売った後もずっといろんな中古車関連会社の広告が出ます。このようなリターゲティング広告は、もう車を売ったかどうかに関わりなく繰り返し同じ人に向けて送られてきます。そのたびに広告主は無駄な広告費を払い続け、見ている方はまたかと思います。

その裏側では、セカンドパーティデータやサードパーティデータが使われます。そのデータを得るためにマーケティング調査をしてまたお金がかかります。それよりもこの広告に興味がありますかと直接聞けばいいのです。「興味がない」と答えたら一切出さないようにした方が、コンバージョン率が圧倒的に上がるし、コストも手間もかかりません。そのようなアンケートを取るサイトも出てきています。

●ユーザーが提供してくれたデータを活用する

企業と消費者が向き合って直接確かめるような行為は、これまではほとんど行われてきませんでした。

直接聞き出さないで消費者情報を集めようとする技術の方が発展しています。セカンドパーティデータやサードパーティデータから年齢を割り出すとか、持っているｉＰｈｏｎｅのキャリアと型番で年齢層と性別を推測するといった分析技術もあります。クッキーの個人情報が、こうした分析のためによく使われます。

クッキーが自分の端末に記録されていると、会員サイトで毎回ＩＤとパスワードを入力しなくてもよかったり、以前にどんな買い物をしたかが分かります。また30代の男性に口紅や化粧品のネット広告が出ることもなくなります。しかし知らないうちに自分が訪れたサイトやそこでの閲覧行為がほかに伝わってしまいます。個人情報を知られるのが嫌で、手作業でクッキーに記録されないように設定しているネットユーザーも増えています。

ＥＵで２０１８年5月から施行された一般データ保護規則（ＧＤＰＲ）では、クッキーデータを取得するのに本人の同意が必要になりました。ｉＰｈｏｎｅやｉＰａｄのｉＯＳではクッキーデータの一部が提供されなくなり、パソコン用ブラウザもクッキーデータが使われることを事前に告知したり制限して、プライバシーを重視する方向へと進んでいます。クッキーに限らず、個人情報が不正利用されていたというニュースに接することも多く、企業が本人に断りなくデータを得るのが難しい環境になっています。

するとサードパーティデータやセカンドパーティデータよりも、最初から聞かれていることが分かっているゼロパーティデータの重要性が増してきます。これは漠然とした集団を相手とする「1対N」のマーケティングから「1対1」のマーケティングへの移行が始まっていることを意味します。

すると次の課題は、ゼロパーティの情報をどうやって得るかです。ここで紹介したようなファンづくりに成功した会社は、ユーザーが無償で宣伝までしてくれるのですから、コミュニケーションが取れる機会を作ればいろいろなことを教えてくれるでしょう。

知らない人にいきなり話しかけても、なかなか本当のことは教えてもらえません。直接聞くことができるのは、やはり既存のユーザーです。相手が知らないうちに取っていくデジタルデータではなく、ユーザーを大事にして、きちんと向き合って話を聞いて得た泥臭いデータが、これからのマーケティングを支えていくと思います。

●解約のときにこそ本音が聞ける

サブスクリプションサイトに置いたチャットボットは、解約希望者から直接話を聞いています。チャットボットが「知っていますか?」と尋ねるのに対して「はい」または「いいえ」と回答するという会話を重ねることによってゼロパーティデータを得ています。その結果として、動画配信サービスの事例で紹介したように、女性の会員が大半だと思っていたのに男性会員も結構いたことや、動画だけでなく雑誌が見られるサービスもあることが思いのほか伝わっていなかったという事実が明らかになりました。

チャットボットによる情報収集は、回答に応じて会話が進んでいくシナリオがベースになっています。この選択肢は回答が多いからさらに分岐させよう、ここの分岐はいらないからなくそうというように、シナリオには常時手を入れています。新しい台詞や分岐ができたりなくなったりしても、その前と比較データが取れるようにしています。

これらの作業はＡＩに任せることなく、人間が勘や経験に基づいて行っています。スマートな処理をしようとする今どきのデジタルマーケティングとは違ってアナログな作業になり、かなり根気がいります。それを積み重ねていくことで時間とともにノウハウが溜まっていき、ゼロパーティデータの収集において圧倒的な優位性が構築されると考えています。

そして「結婚するんですか、おめでとうございます」「入院するんですね、お大事にしてください」という人間味のあるコミュニケーションをしています。こういう返事は、人間が台詞を考えているからできることです。自然言語処理でＡＩが返事をしていたら「お大事にしてください」という言葉はなかなか出ないでしょう。仕事が忙しくなったと言っている人に、このアニメを見てみませんかと聞くＡＩもたぶんないはずで、人間の手で作り込んでいるチャットボットのシステムだからできるレコメンデーションです。

しかも解約するときが、自分の意見や思いを伝えたくなるタイミングであることも見えてきました。「これができればやめなかった」「思っていたのとここが違った」という声は、やめようとしているときだからこそ出てくるのかもしれません。「お客様の声は、困りごとに直面したときほど価値がある」という話を聞いたことがありますが、解約時の反応もそれと共通するところがあるようです。

また一度の接触機会で複数の質問をまとめてしているので、多くの情報が短時間のうちに効率よく集まります。

このようにサブスクリプションサービスを解約しようとしているときは、ゼロパーティデータ収集の絶好のタイミングです。

これから人口が減っていく日本のマーケットで、マスマーケティングの価値が相対的に下がり、一人ひとりを大事にするワンツーワン・マーケティングの重要性が増してきます。そのときに充実したゼロパーティデータを集める手法として、解約ページに置いたチャットボットは先行的な役割を果たしていくはずです。

おわりに

インフルエンサーにお金を渡したり、初回限定の89％割引で宣伝してとにかく売ろうとする〝乱暴なマーケティング〟の例を紹介しましたが、私自身もこれまで在籍したいくつかの企業でそんなマーケティングをして目先の売上を立てていたことを告白しなければなりません。

売るためのマーケティングは飽和点に近づいています。さまざまな手法が通用しなくなり、無理なやり方をして質が悪くなっていった末に、ステマのような詐欺行為にまで足を踏み入れてしまいました。

デジタルマーケティングの世界でも、いらない相手のところにまでおかまいなくネット広告を出していて、効果が出ない割に掲載料金だけが増えています。ポイントサイトに広告を出しても、タダのサンプル品の注文しかほとんど来ません。評価と実感が一致しない口コミサイトやランキングサイトは、徐々に使われなくなっていきます。

このようなマーケティングは消費者から疑いの目で見られ、「どうせ見えないところでなにかしているんだろう」と斜に構えるのが当たり前になっています。企業と消費者との間の距離は広がり、疎遠になっていく一方です。

そんな世界に自分も加担してしまっていたことへの反省が、この本を書く動機にもなっています。

サブスクリプションやシェアリングのビジネスが台頭し、これまでの所有を前提としたビジネスモデルと逆転するかもしれないと思えるほどの勢いです。私はよく「歯ブラシとパンツ以外はシェアリングする時代が来る」と半分冗談で言っているのですが、モノを買わずに定額料金で利用することの方が普通になるかもしれません。

そうなると、顧客生涯価値を上げるために解約を防ぐことが課題となります。

解約防止というと、ＩＴ業界にいる人は、なんとかして解約ボタンをクリックしにくくするしくみにするという方向に考えが行ってしまうかもしれませんが、私たちが提案しているのはユーザーと正面から向き合って、どうしても解約するならしかたがないけれども、やめる前にお話ができませんかとお願いをして1対1のコミュニケーションを取ることです。そしてやめる理由を教えてもらえれば、今後の企業のあり方の参考にしていくことができます。

解約理由はそのまま企業の課題でもあります。そこを理解することから、一人ひとりのユーザーとのコミュニケーションに根ざしたマーケティングが始まります。テレビCMで降り注ぐように広告を世の中に流すのとは一線を画した、企業と顧客が直接つながったワンツーワン・マーケティングです。それは不特定多数の見えないターゲットを相手にした〝乱暴なマーケティング〟とは無縁のものです。

最後に、一見マーケティングとは関係なさそうな話題です。

「科捜研の女（をみる女）」という番組公式ツイッターがあります。担当しているのはテレビ朝日の社員でも制作関係者でもない、一人の女性ファンです。事前に話の展開を知らされているわけではなく、視聴者と一緒に番組を見ながらツイートしていく感想に共感が集まっています。

この人の『科捜研の女』へのあまりの入れ込みぶりに、テレビ朝日の方から公式ツイッターをやってほしいとお願いしたそうです。有名インフルエンサーとは違って、報酬は一円もありません。純粋にファン目線で番組を応援しているので、ツイートのコメントにも嘘がありません。フォロワーも彼女と一緒に一つひとつのシーンを見ているような感覚で楽しんでいます。２０２０年3月に最新シリーズの放送が終了しましたが、次のシリーズが始まればまた公式ツイッターの彼女のコメントを心待ちにする人も多いはずです。

テレビ局も、この番組公式ツイッターのおかげで広告宣伝費をかけずに済み、通常のプロモーションに勝るとも劣らない効果を得ています。

まさにファンマーケティングのよい見本です。無償で、好きでやっているからこそ人の心を引きつけて、放送局と視聴者の橋渡し役をしています。

私には、新しい時代の企業と顧客が直接つながるワンツーワン・マーケティングのようにも思えます。

この本で紹介した解約防止、解約分析の事例が、新しい時代のマーケティングのあり方を考えるきっかけになり、いくらかでも過去に迷惑をかけたことの罪滅ぼしになることを願っています。

【著者プロフィール】

佐野 敏哉（さの・としや）

株式会社Macbee Planet　エヴァンジェリスト

ブライトコーブ株式会社にてSaaS型の動画配信サービスをテレビ局や大手企業100社以上に導入。その後、サブスクリプションモデルへのビジネスチェンジに見事に成功したアドビ システムズ株式会社にて、デジタルマーケティングや広告配信の業務を5年にわたりサポート。サブスクリプションの黎明期より、ビジネス、システムの両面に知見を持つ。2018年9月よりMacbee Planetに参画。解約防止ツールのプロダクト責任者として従事している。

本書についての
ご意見・ご感想は
コチラ

解約新書
～マーケッターに捧げる解約の真実と処方箋～

2020年4月30日第1刷発行

著者　佐野敏哉
発行人　久保田貴幸

発行元　株式会社 幻冬舎メディアコンサルティング
〒151-0051 東京都渋谷区千駄ヶ谷4-9-7
電話 03-5411-6440（編集）

発売元　株式会社 幻冬舎
〒151-0051 東京都渋谷区千駄ヶ谷4-9-7
電話 03-5411-6222（営業）

印刷・製本　瞬報社写真印刷株式会社
装丁　小原範均

検印廃止

Printed in Japan
ISBN 978-4-344-92809-1 C0034
幻冬舎メディアコンサルティングHP
http://www.gentosha-mc.com/